30 DÍAS
DE REFLEXIONES
espirituales

poemas de
DIOS

aLex campos

Domingo 10 De Agosto De 1914

POEMAS DE DIOS
Edición en español publicada por
Editorial Vida - 2014
Miami, Florida

© 2014 por Alex Campos

Edición: *Madeline Díaz*
Diseño de interior: *CREATOR studio.net*

ISBN: ISBN: 978-0-8297-6185-6

CATEGORÍA: Ministerio Cristiano/Juventud
            Christian Ministry/Youth

IMPRESO EN ESTADOS UNIDOS DE AMÉRICA
PRINTED IN THE UNITED STATES OF AMERICA

14 15 16 17 **RRD** 6 5 4 3 2 1

Contenido

Detrás de todas las canciones siempre hay una historia, y conocer lo que inspiró al músico o al poeta a escribirlas puede otorgarles un impacto aún mayor en nosotros. Si a eso le añadimos lo que el Espíritu de Dios ha hecho en el autor de esas composiciones, entonces Dios mismo puede darles un nuevo volumen y usarlas para acercarnos a él, sanar nuestro corazón y animarnos a seguir adelante.

Me he tomado el tiempo para estudiar la historia detrás de los Salmos por ejemplo, gracias a lo cual he podido aplicarlos a situaciones específicas de mi vida y así ese libro de canciones se ha convertido en uno de mis favoritos, porque los salmistas vivieron las mismas pruebas que yo he tenido que afrontar. Ver cómo ellos atravesaron sus desiertos, así como la manera en que Dios respondió, me anima, consuela y edifica; y así es este libro. En estas páginas, Alex nos comparte las historias detrás de sus canciones, las experiencias de un salmista que ha experimentado pruebas, luchas, confrontaciones, desafíos, tristezas y enfermedades similares a las nuestras.

Hace unos años atravesé una prueba muy difícil. Mi voz había perdido el brillo y la claridad que Dios le había dado. Fui al médico, quien descubrió que tenía un tumor en mis cuerdas vocales y era necesario realizar una cirugía para removerlo. Las cuerdas vocales son para el predicador lo que las manos para el pianista, las piernas para el ciclista y los ojos para el piloto. *¿Qué voy a hacer si la cirugía sale mal y pierdo mis cuerdas vocales? ¿Qué tal si se trata de un tumor maligno?*, me preguntaba. En medio de esa situación, recordé que Alex había pasado por una prueba similar y Dios le había dado la canción «Al taller del Maestro», así que la busqué y permití que el Señor la usara para ministrarme:

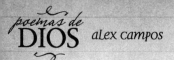 aLex campos

Ay, como me duele estar despierto y no poder cantar,
cómo expresarte sin palabras que muero si no estás [...]

Al taller del Maestro vengo, pues él me curará,
me tomará entre sus brazos y cada herida sanará.
Las herramientas del Maestro mi alma remendarán.

Las canciones de Alex Campos nos inspiran y traen esperanza porque todas las historias detrás de ellas han sido redimidas por la sangre de Jesús. Y como dice una canción que cantamos en la iglesia: «La tinta de su sangre escribió una nueva historia para mí».

Andrés Corson
Pastor y autor

CAPÍTULO 1

Enamorado

Escribo este libro porque estoy enamorado. No hago poesías porque alguna vez me lo haya propuesto, sino debido a que los poemas de Dios me han hecho a mí. La poesía que encuentro en su misericordia, mi familia, mi esposa y lo que he podido vivir en el ministerio al viajar y hablar con miles, me invita y provoca a seguir deteniéndome a reflexionar en lo importante y apasionante de ser moldeado por la bella voluntad de Dios.

Dios ha sido fiel conmigo. Muy fiel. Y aunque probablemente no te conozco personalmente, sé que también lo ha sido contigo.

Quizás te ha tocado experimentar situaciones y sentimientos difíciles. Ese ha sido también mi camino. No obstante, al mirar atrás una y otra vez, he descubierto cuán presente, activo y atento estaba Jesús a mi vida, aunque le estuviera dando la espalda.

He sufrido el abandono de seres queridos, el rechazo, el abuso y la desconfianza a lo largo de mi vida. Sin embargo, Dios me ha hablado de diversas maneras. Me ha escrito poemas en su Palabra, mediante canciones, en mis intensos momentos de oración y arrepentimiento, y también a través de personas comunes y pastores que me hablaron de su parte.

Dios raramente grita. Por lo general, prefiere susurrarnos al oído. Él quiere tiempo e intimidad, y por eso debemos aprender a hacer a un lado tantas distracciones. Debemos aprender a bajarle el volumen al ruido para escuchar su voz y encontrarnos con esos poemas que quiere regalarnos.

Hace unos años escribí una canción titulada «Enamorado de ti», la cual contiene el siguiente párrafo:

> *Quisiera haber sido un gran pintor,*
> *con mis manos mostrar tu gran creación.*
> *Pero soy tu hijo, que te ama, Señor,*
> *que escucha tu voz y tu tierna canción.*
> *También soy tu amigo, agradecido estoy*
> *de ser tu creación, tu gran inspiración.*
> *No seré un profeta, no seré un pastor,*
> *no seré el primero, tampoco un gran señor,*
> *no seré el cantante, no seré el pintor,*
> *solo un corazón enamorado... de ti.*

A veces nos convencemos de que lo que Dios busca en nosotros es talento y logros. Eso es lo que normalmente se celebra en la sociedad de hoy, de modo que tenemos la opinión particular de que Dios es uno más en la búsqueda de lo mismo que todos quieren. Sin embargo, esto no es lo que nos enseña la Biblia. Dios te quiere a ti. Me quiere a mí. Nos quiere a ambos cerquita, muy cerquita de él. Y cuando uno entiende eso, se enamora de su gracia y misericordia. Te das cuenta que es increíble que solo te quiera a ti, sin que tengas que hacer nada al respecto ni requieras ningún mérito para lograrlo. Cuando entiendes eso, te enamoras y comienzas a ver poemas en todo tipo de situación.

CAPÍTULO 2

El tiempo de la cruz

El tiempo ha pasado, ya no es lo mismo que ayer,
la oración la hemos cambiado por el juego, yo qué sé.
El tiempo ha cambiado, ha pasado el interés
de aquella palabra que escrita dejó él.
Los tiempos han cambiado, qué pasó con el ayer,
el mensaje de la cruz, los milagros de poder.

Los tiempos han cambiado con referencia a la iglesia primitiva. Hoy es fácil llamarse cristiano, pero ser un verdadero discípulo de Cristo es otro cantar. No todos los que dicen ser cristianos lo son.

Pensando en esto escribí la canción «Es el tiempo de la cruz» cuando tenía veinte años. En esos días había sido impactado por varios mensajes que escuché, pero uno de ellos fue como un fuego que encendió mi vida. Nunca olvidaré aquella ocasión en que sentado en el piso en casa de uno de mis amigos, las lágrimas corrían por mi rostro mientras escuchaba hablar a aquel predicador. La disertación tenía como título «El discipulado radical, completo y verdadero», un poderoso mensaje que me retó a ser diferente, a conquistar y no ser conquistado, a actuar distinto a los demás y así poder considerarme en realidad un discípulo de Jesús.

En ese mismo tiempo escuchaba muchos sermones que tenían diferentes fines, todos ellos muy buenos y positivos, pero no se predicaba de la cruz, de la vida en Cristo, sino que el mensaje de moda era sobre la prosperidad. No quiero decir que la prosperidad sea mala, pero no es el todo de un cristiano. Creo que la prosperidad es algo que va en añadidura cuando vives y das tu vida por Jesús. Es como un negocio donde das algo, pero igual recibes. Cuando vives para Cristo y cada cosa que haces le da honor, Dios se encarga de tus negocios (salud, bienestar, prosperidad, familia, etc.). Por eso, al escuchar aquel llamado a ser un verdadero discípulo, me di cuenta de que lo que yo estaba buscando era la bendición y no al que bendice.

El tiempo ha pasado, ya no es lo mismo que ayer. Las Escrituras describen en Hechos 2:43-47 a la iglesia de los primeros días, sin embargo, creo que la misma poco a poco ha desaparecido en nuestro tiempo. Aquella iglesia que era unida y llena del Espíritu Santo, donde se compartía el pan y se ayudaban mutuamente, sin peleas ni envidias, es difícil de encontrar. Al viajar por diferentes países, he observado un común denominador entre las congregaciones: la falta de unidad. Hay tanto celo, envidia y crítica entre nosotros, que deshonramos a Dios al hacer todo lo contrario a lo que nos ordenó. En Juan 17, Jesús menciona cinco veces la palabra unidad. Los versículos 22-23 afirman: «Yo les he dado la gloria que me diste, para que sean uno, así como nosotros somos uno: yo en ellos y tú en mí. Permite que alcancen la perfección en la unidad, y así el mundo reconozca que tú me enviaste y que los has amado a ellos tal como me has amado a mí».

La unidad que Dios requiere de nosotros está motivada por la unidad que Jesús tiene con el Padre. Él no busca una unión a medias y por conveniencia, sino desea que alcancemos una perfección en la unidad, y que por medio de la búsqueda de esa unión tan anhelada, el mundo pueda conocer el inagotable amor de Dios. No quiero entrar en la dinámica de criticar a la iglesia de Cristo y tampoco al liderazgo, pero sí animo a todo líder y consiervo a buscar con diligencia esa unidad que el Señor está esperando de su iglesia. Un pueblo unido es algo tan poderoso que el enemigo sabe que si nos mantiene sumidos en contiendas y enojos, no representaremos una amenaza tan fuerte como la que seríamos al permanecer en unidad y ser de un mismo espíritu.

La oración la hemos cambiado por el juego. Hace unos años atrás tuve una conversación con el pastor de una congregación en Bogotá, quien con un tono de resignación y un poco de tristeza me decía que los jóvenes de la iglesia eran muy difíciles de liderar, ya que no había ningún compromiso de parte de ellos. Me contaba que, irónicamente, para motivarlos a ayunar los animaba a venir prometiéndoles refrigerios; para que se involucraran en alguna actividad precisaba siempre estar negociando con algo que los enganchara. No podía creer todo lo que escuchaba. Aquel querido pastor me había invitado porque deseaba traerles algo juvenil que los atrajera y con lo que ellos pudieran identificarse. Pensaba que debido a que yo era joven y mi música resultaba moderna sería una buena opción para un programa de sábado en la reunión de jóvenes. Al conocer la situación, entendí que en especial en los jóvenes se ha perdido la práctica de disciplinas como el ayuno y la oración, con todos los beneficios que estas conllevan. Muchos buscan cosas que sean más asombrosas y que contengan un movimiento de las emociones más especial. En la actualidad queremos actuar motivados por las emociones, no por obediencia y disciplina, algo que observé repetidas veces en las diferentes iglesias que visité. Así que en ese momento empezamos a dar conciertos que se llamaban «El

tiempo de la cruz». Luego de tres horas de experimentar una
gran unción, los chicos salían con el desafío poderoso de ser
discípulos y cristianos verdaderos, dejando de comportarse
como un montón de seguidores tibios que se sentaban en las
bancas de las iglesias. Me sorprendía ver que muchos líderes
solo estaban esperando buena música y un bonito mensaje,
pero se asombraban al observar a los mismos chicos rebeldes y sin ningún compromiso, mostrar ahora lágrimas en sus
ojos y decirle que sí al llamado radical de Jesús a sus vidas.

Muchos de nosotros hemos cambiado la búsqueda del rostro
de Dios en secreto, la oración y el ayuno por diferentes actividades que solo nos distraen, pero no nos llevan más allá de
ser cristianos del montón.

*El tiempo ha cambiado, ha pasado el interés de aquella pa-
labra que escrita dejó él.* Hace unos años, después de estar
ahorrando por varios meses, pude comprar un jacuzzi para
nuestro hogar. Mi esposa y yo lo habíamos visto en los Estados Unidos e hicimos un esfuerzo incluso para trasportarlo a
Colombia. Cuando por fin llegó a casa, la alegría fue increíble; teníamos preparado con anterioridad un lugar especial
donde ponerlo, todo estaba listo. Mientras lo desempacába-
mos, la emoción creció entre nosotros, en verdad, habíamos
invitado a toda la familia para ver este sueño hecho realidad
y que nos ayudaran a instalarlo. Notamos sin mucha importancia que aquel objeto traía un manual y diferentes químicos para el agua. A la verdad sabía un poco de los químicos,
así que ignoré por completo el aburrido manual, que para
colmo estaba en inglés, aunque creo que si hubiera estado
escrito en español tampoco le habría prestado mucho interés. Después de colocarlo en su lugar lo empezamos a llenar,
y una vez lleno nos dispusimos a conectarlo, pero entonces
nos dimos cuenta de que necesitaba una toma especial, lo
cual retrasó la inauguración que todos esperábamos. Luego

de que alguien viniera e hiciera la conexión apropiada, lo encendí para que se fuera calentando. Me percaté de que había unos pequeños tubos para medir el nivel de PH y cloro del agua, así que calculé a ojo y según mi gusto la cantidad de cada líquido que debía aplicar. El panel de control también tenía varios botones, pero a mí el que me interesaba era el de apagar y encender, el resto no me preocupaba. Cuando al fin se calentó el agua, no dudamos un instante de que ya era hora de meternos, de modo que entramos. Después de unos minutos todos teníamos los ojos rojos, pero no le prestamos atención, pues la emoción era tan grande que esto carecía de importancia. Así transcurrió cada día de esa semana, salíamos del jacuzzi con los ojos rojos e irritados, por lo que mi esposa me aconsejó que trajéramos a un experto que nos guiara en cuanto al manejo de los químicos y que le diera una leída al manual, pero como un buen hombre latino, le dije que no necesitábamos llamar a nadie. «Yo sé lo que estoy haciendo», le aseguré.

Pasaron algunas semanas y mi guitarrista, Javier Serrano, se iba a casar, así que organicé una reunión en casa con los chicos de la banda para celebrar su despedida de soltero. La reunión terminó con algunos del grupo metidos en el jacuzzi. Esa mañana había notado que el agua tenía un color verdoso, de modo que apliqué en porciones mayores todos los líquidos para tratar de aclarar el agua, a fin de que en la noche el que quisiera usarlo lo pudiera hacer. El primero que entró al agua fue precisamente Javier, el que se casaba al otro día, y luego lo hicieron dos más. Después de unos minutos no podían ni abrir los ojos y uno de ellos dijo: «Creo que tiene mucho cloro», pero ninguno salió del agua, sino que hicieron una competencia para ver quién duraba más tiempo debajo de aquella agua caliente. Cuando sacaron la cabeza, sus rostros estaban rojos y ya no podían abrir los ojos, y al acercarme para ver si se encontraban bien, noté que las cabeceras que eran de un material especial se estaban derritiendo. Les dije:

«Creo que es mejor que salgan, pues algo no está bien». Mis compañeros tenían toda la piel roja, ya que se habían quemado con el cloro tan fuerte. Javier tuvo que aplicarse muchas cosas para tratar de disimular el color rojo de su cara. Él creyó que yo había organizado todo de esa forma para que nunca olvidara su despedida de soltero. Después de unos días, el agua empeoró y llamé a un técnico para que viniera a arreglar mi jacuzzi, quien luego de cambiarle el agua y colocarle las cantidades exactas de los químicos, me preguntó con una pequeña sonrisa burlona: «¿Usted leyó el manual?». Le respondí que no un poco avergonzado y él señaló: «Ese fue el error. Usted no puede comprar algo e ignorar todas las indicaciones del manual». Me recomendó que lo leyera, y después de buscarlo descubrí que también venía en español. ¡Cómo sería la falta de interés en el manual que ni siquiera me había percatado de que las instrucciones se encontraban escritas además en mi idioma!

Es obvia la enseñanza. Muchos hemos comenzado nuestro andar en la vida cristiana ignorando que hay un manual que nos enseña cómo debemos recorrer el camino que hemos elegido. Nos convertimos en personas que desean gozar de los beneficios de su Palabra sin tener que leerla y establecer una intimidad con el señor. Cada día oro al Espíritu Santo que me guíe en la lectura de su Palabra, la cual afirma: «Ciertamente, la palabra de Dios es viva y poderosa, y más cortante que cualquier espada de dos filos. Penetra hasta lo más profundo del alma y del espíritu, hasta la médula de los huesos, y juzga los pensamientos y las intenciones del corazón» (Hebreos 4:12).

Cuando permites que la Palabra de Dios penetre en tu vida, esta traerá luz y sabiduría a tu camino, y podrás decir como el salmista:

En tus decretos hallo mi deleite, y jamás olvidaré tu palabra. Enséñame, SEÑOR, a seguir tus decretos, y los cumpliré hasta el fin. Dame entendimiento para seguir tu ley, y la cumpliré de todo corazón. Dirígeme por la senda de tus mandamientos, porque en ella encuentro mi solaz. Inclina mi corazón hacia tus estatutos y no hacia las ganancias desmedidas. Aparta mi vista de cosas vanas, dame vida conforme a tu palabra. Confirma tu promesa a este siervo, como lo has hecho con los que te temen (Salmo 119:16, 33-38).

capítulo 3

Como un juego de ajedrez

El tiempo se ha tornado como un juego de ajedrez,
los peones a los reyes, los cristianos a su rey.
El tiempo ha pasado, ¿dónde queda el ayer?
El mundo se ha negado a ser conforme a él.
El tiempo no ha parado, corre aún con rapidez,
se aumenta el pecado, su fidelidad también.

Muchos hemos confundido nuestra posición en Dios y asumido una actitud que demanda, en lugar de una que demuestra servicio y sumisión. Hemos establecido nuestra relación con el Señor pensando que él hace milagros y responde cuando nosotros lo solicitamos. A pesar de que no juego mucho ajedrez, entiendo que las piezas de más bajo perfil, como los peones, están para la protección del rey, sin embargo, alguien puede también llegar a utilizarlos para intentar darle jaque. Es como si se midieran de tú a tú con la pieza principal, peón y rey frente a frente, como si se ignorara la jerarquía, el poder y todo lo que la autoridad representa. ¡Imagínate!

En el libro de Apocalipsis, el apóstol Juan describe al glorioso Rey de reyes y Señor de señores, el Alfa y la Omega, el Principio y el Fin.

En el día del Señor vino sobre mí el Espíritu, y oí detrás de mí una voz fuerte, como de trompeta, que decía: «Escribe en un libro lo que veas y envíalo a las siete iglesias: a Éfeso, a Esmirna, a Pérgamo, a Tiatira, a Sardis, a Filadelfia y a Laodicea.» Me volví para ver de quién era la voz que me hablaba y, al volverme, vi siete candelabros de oro. En medio de los candelabros estaba alguien «semejante al Hijo del hombre», vestido con una túnica que le llegaba hasta los pies y ceñido con una banda de oro a la altura del pecho. Su cabellera lucía blanca como la lana, como la nieve; y sus ojos resplandecían como llama de fuego. Sus pies parecían bronce al rojo vivo en un horno, y su voz era tan fuerte como el estruendo de una catarata. En su mano derecha tenía siete estrellas, y de su boca salía una aguda espada de dos filos. Su rostro era como el sol cuando brilla en todo su esplendor. Al verlo, caí a sus pies como muerto; pero él, poniendo su mano derecha sobre mí, me dijo: «No tengas miedo. Yo soy el Primero y el Último, y el que vive. Estuve muerto, pero ahora vivo por los siglos de los siglos, y tengo las llaves de la muerte y del infierno (Apocalipsis 1:10-18).

¡Asombroso! Fue tanta la majestad y la gloria que reflejaban su presencia, que Juan calló como muerto a sus pies.

Tú y yo somos pecadores, somos como hormigas al lado de él; con un solo soplo suyo, desapareceríamos de inmediato de la faz de la tierra. Sin embargo, acudimos a su presencia con osadía y demandamos nuestra gran lista de sueños, deseos y peticiones, atreviéndonos a molestarnos con él si no estamos de acuerdo con sus planes, y en el peor de los casos, le damos la espalda a su amor, desviándonos de su perfecta voluntad para nuestra vida.

Sé que el amor, la misericordia y la fidelidad de Dios son muy grandes e incomprensibles, pero tú y yo debemos reconocer que él es Dios, Señor, Soberano y Creador, por lo tanto

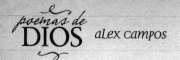

debemos mostrarle un supremo respeto que nos lleve a una genuina vida de adoración.

Si mañana te dieran la noticia de que tienes una enfermedad mortal y en pocas semanas morirás, ¿seguirá él siendo el Dios de tu vida? ¿Vendrás a él en adoración y gratitud durante esos últimos días de vida que te quedan? ¿O te molestarás con Dios y le reclamarás por lo que te sucede? Tendrías que vivirlo tú mismo para saber qué responderías.

Deberíamos considerar el ejemplo de Job, un hombre intachable, que le daba honor a Dios con su forma de vivir. Fue tanto el agrado de Dios por la vida tan especial de Job, que presumía de que no había un hombre como él hasta con el mismo Satanás. Cuando Dios se enorgulleció de su siervo Job, Satanás le dijo que si le quitaba todo lo que amaba, seguramente dejaría de ser ese hombre tan recto y especial. Sin embargo, como Dios conocía el corazón de su siervo, permitió que el maligno lo despojara de todo lo que tenía. Una vez que Job lo perdió todo y se encontraba tirado en el suelo con el cuerpo cubierto de llagas, mientras su esposa lo animaba a maldecir a Dios, las palabras de este hombre fueron: «"Desnudo salí del vientre de mi madre, y desnudo he de partir. El Señor ha dado; el Señor ha quitado. ¡Bendito sea el nombre del Señor! A pesar de todo esto, Job no pecó ni le echó la culpa a Dios» (Job 1:21-22).

Más tarde, ante las críticas de sus amigos, replica: «Aunque sé muy bien que esto es cierto, ¿cómo puede un mortal justificarse ante Dios? Si uno quisiera disputar con él, de mil cosas no podría responderle una sola. Profunda es su sabiduría, vasto su poder. ¿Quién puede desafiarlo y salir bien librado? Él mueve montañas sin que éstas lo sepan, y en su enojo las trastorna. Él remueve los cimientos de la tierra y hace que se estremezcan sus columnas. Reprende al sol, y su brillo se apaga; eclipsa la luz de las estrellas. Él se basta para extender los cielos; somete a su dominio las olas del mar. Él creó la Osa y el Orión, las Pléyades y las constelaciones del sur. Él realiza maravillas insondables, portentos que no pueden contarse. Si pasara junto a mí, no podría verlo; si se alejara, no alcanzaría a percibirlo. Si de algo se adueñara, ¿quién lo haría desistir? ¿Quién puede cuestionar sus actos? Dios no depone el enojo; aun Rahab y sus secuaces se postran a sus pies. ¿Cómo entonces podré yo responderle? ¿Dónde hallar palabras para contradecirle? Aunque sea yo inocente, no puedo defenderme; de mi juez sólo puedo pedir misericordia» (Job 9:2-15).

Después de leer estas declaraciones, podemos decir que Job realmente era un hombre increíble. Aunque hubo momentos en que el dolor lo llevó a la tristeza y la desolación, nunca juzgó ni culpó a Dios por lo que le había sucedido. Él entendía perfectamente quién era Dios y también su posición como hombre. ¿Podremos decir nosotros como Job: «El Señor ha dado; el Señor ha quitado. ¡Bendito sea el nombre del Señor!»?

capítulo 4

Que no sea de papel

El tiempo me ha mostrado que todo fue de papel,
sacrificios humanos no pedidos por él.
Al mundo consternado le ha faltado mucha fe,
la esperanza y la confianza, Abraham un loco fue.

La luz no se ha apagado, Jesús sigue aún allí,
esperando que tu tiempo no sea obstáculo a él.

Hace poco escuché una conferencia impartida por el pastor Dante Gebel, de la cual me impactó una increíble frase: «En mucho de los cultos y reuniones cristianas hoy en día solo hay sudor y nada de fuego». ¡Cuánta verdad hay en estas palabras! Y no voy a hablar de ninguna iglesia, sino que me referiré a mi propio ministerio. He llevado a cabo una infinidad de conciertos en los que he sudado por tres horas, preocupado más por el sonido, las luces, el diseño y la excelencia, y no por el fuego del Espíritu Santo. No quiero dar a entender que no estoy de acuerdo con poner cuidado en los detalles. Debemos poner mucho cuidado en ser excelentes. Pero lo que estoy diciendo es que muchas veces nos hemos enfocado más en lo material, en competir con el mundo, sin que haya diferencia entre un concierto secular y uno cristiano. Está muy bien preparar un buen montaje de luces y sonido, tener un escenario que brille por su excelencia, pero la diferencia que debemos establecer con los conciertos seculares es precisamente lograr que en los nuestros descienda fuego del cielo y consuma todo pecado, dolor y enfermedad; de lo contrario, seremos una opción más, un espectáculo más, un evento más en el que la gente la pasará bien, pero saldrá de la misma forma en la que entró. Tú y yo debemos diferenciarnos, y nuestra diferencia radica en que fuimos sellados por Dios para traer su presencia a las vidas que tanto la necesitan.

En 1 Reyes 18 encontramos una historia increíble en la que podemos ver el poder de Dios cuando a través de Elías hace descender fuego del cielo. El pueblo de Israel se había apartado de Dios al mezclar su culto con el de Baal, de modo que el profeta los exhorta a seguir única y exclusivamente al Señor, a dejar de ser duales en sus creencias y no combinar la adoración a Baal y a Dios. Así que Elías convoca a los cuatrocientos cincuenta profetas de Baal y al pueblo de Israel en el monte Carmelo y los reta a probar quién es el Dios verdadero. Para hacerlo, se trajeron dos toros, los cuales serían colocados sobre el altar y consumidos por el fuego que enviaría el verdadero Dios. Elías les dio ventaja al darles la oportunidad de ser los primeros en invocar a su dios, y los profetas de Baal comenzaron a gritar y hacer diferentes cosas para que el poder de su dios consumiera aquel animal. Desde la mañana hasta el mediodía no dejaron de gritar: «¡Oh Baal, respóndenos!». Elías comenzó a burlarse de ellos al ver que las horas pasaban y su dios no respondía, pero los profetas seguían gritando aun más fuerte para demostrar que Baal era un dios real y verdadero. Al caer la tarde, el profeta de Dios llamó al pueblo y le pidió su atención, reconstruyó el altar y tomó doce piedras en representación de las doce tribus de Israel. Después cavó una zanja alrededor que tuviera la capacidad suficiente para contener doce litros de agua, dispuso la leña, cortó el toro en pedazos y pidió que llenaran veinte jarras con agua y las echaran sobre la leña y la ofrenda. Entonces Elías hizo una corta y humilde oración y al instante

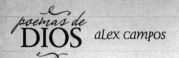

descendió fuego del cielo, el cual consumió el toro, la leña, las piedras y el polvo. Cuando el pueblo vio esto, todos cayeron al suelo y reconocieron que el Señor era el Dios verdadero. ¡Asombroso! A Elías no le tomó más de dos minutos que mediante el poder de Dios se consumiera todo en aquel altar.

En la actualidad, el único sacrificio que Dios desea de nosotros es el de un corazón sincero y sediento de él. Si tenemos una relación íntima en lo secreto con Dios, entonces cuando estemos en público él nos recompensará y hará que el fuego del Espíritu Santo descienda con poder. La Palabra del Señor dice claramente:

> Tú no te deleitas en los sacrificios ni te complacen los holocaustos; de lo contrario, te los ofrecería. El sacrificio que te agrada es un espíritu quebrantado; tú, oh Dios, no desprecias al corazón quebrantado y arrepentido (Salmo 51:16-17).

> ¿Qué le agrada más al SEÑOR: que se le ofrezcan holocaustos y sacrificios, o que se obedezca lo que él dice? El obedecer vale más que el sacrificio, y el prestar atención, más que la grasa de carneros (1 Samuel 15:22).

¿Cuántos sacrificios hemos ofrecido sin que Dios los haya pedido y sin que tampoco los recibiera? Él lo que busca y le agrada es un corazón arrepentido y humillado. Es entonces que el fuego y el poder de Dios se manifestarán de un modo increíble.

Al mundo consternado le ha faltado mucha fe, la esperanza y la confianza, Abraham un loco fue. Recuerdo una ocasión durante mi adolescencia en que me encontraba caminando y conversando con uno de mis amigos cerca del lugar donde vivíamos, mientras a lo lejos se escuchaba a un vendedor ambulante que gritaba: «Repuestos para la olla exprés». A medida que la voz de aquel hombre se fue aproximando, nos resultó conocida. Y al verlo más de cerca, nos dimos cuenta de que se trataba de un miembro de nuestra congregación, un señor que siempre veíamos los domingos sirviendo en la iglesia. Mi compañero le preguntó: «¿Cómo está todo? ¿Cómo le ha ido?». El hombre, con cara molesta y deprimida, le contestó: «Mal, mal, mal. Las ventas han estado muy malas, la situación está muy difícil». Hubo un silencio entre nosotros, porque no esperábamos ver tanta negatividad, o mejor dicho, una fe nula, sin tener nada a lo que afianzarse. Mi amigo lo animó con una sonrisa diciendo: «Hermano, confíe en el Señor». Sin pensarlo dos veces, aquel hombre nos respondió: «Eso... aténgase a eso». Luego, sin más palabras, se despidió y continuó su camino.

Resulta increíble tal falta de fe y confianza en la bendición de Dios para nuestra vida, pero lamentablemente la postura de este hombre es la misma de la mayoría de los que asistimos a una iglesia. ¿Por qué digo esto? Porque las siguientes frases son las que constantemente escucho en cada lugar al que voy: «Pastor, ore por mí, que Dios a usted sí lo escucha», «Es que Dios no me oye», «Dios tiene sus preferidos», «No soy aceptado por Dios», «Este mes no voy a diezmar, pues no me alcanza para mis necesidades», y muchas más por el estilo. Fue tal actitud la que motivó la frase de mi canción: «Abraham un loco fue». Sí, ya no hay nadie que confíe en todo momento en Dios como él. Al igual que los dinosaurios, esta clase de hombres parece ser historia para nosotros como cristianos. No obstante, las Escrituras afirman: «A Abraham se le tomó en cuenta la fe como justicia [...] Por tanto, Abraham es padre de todos los que creen» (Romanos 4:9, 11). Al leer y estudiar la vida de este patriarca, a quien Dios llama el padre de la fe, vemos a un hombre que contra viento y marea decidió creer que su descendencia podía abarcar múltiples naciones. Siendo él un hombre de avanzada edad y con una esposa estéril, tal cosa pareciera una locura, algo improbable. En realidad, hasta su misma esposa, Sara, se burló de la idea tan chistosa y alocada de Dios. Imagínate cada noche a Abraham y Sara mirando las estrellas, mientras él soñaba y pensaba que su generación sería más numerosa que los mismos astros que contemplaba, y Sara con una sonrisa y un abrazo le decía: «Viejo, acuéstate ya y deja esas ideas locas». Sin embargo, aun así, Abraham no dejó de creer. La Biblia nos enseña que luego Abraham y Sara tuvieron un hijo al que llamaron Isaac. ¡Increíble! ¿Cómo pudo pasar? ¿Qué sucedió? Era algo ilógico. ¿El viejo Abraham tenía razón? La razón siempre va a estar de parte de Dios. A veces resulta difícil entender sus formas, caminos y pensamientos, pero cuando él promete algo y decidimos creerle, entonces veremos su gloria.

Deja un legado de fe en tu generación, marca la diferencia, sé un loco por Cristo, atrévete a caminar sobre las olas. Jesús te está esperando, no te encuentras solo. Él lo prometió. Es tiempo de que tú y yo caminemos a la medida del varón perfecto que Jesús es.

CAPÍTULO 5

Nada más quien piensas

Miro tu poder, tu inmenso amor,
Tu fidelidad eterna, no encuentro error.
Quisiera yo ser quien piensas...

Quisiera ser ángel, para poder cantar,
los himnos de gloria a mi rey celestial.
Quisiera ser rey para poder traer
bronce plata y oro, incienso, mirra y poder.
Tal vez un poeta para escribir
mis mejores estrofas, versos del corazón.

Quisiera haber sido un profeta mayor
para anunciar al gran rey.
Solo soy aquel que intenta ser un siervo fiel en la sencillez,
con la capacidad de poder entender que no es una canción,
tampoco el poder, solo un corazón enamorado... de ti.

Pusiste tus ojos en mi corazón.
Llenaste mi boca de tu canto, Señor.
Quisiera yo ser quien piensas...

Muchos jóvenes y hasta no tan jóvenes se preguntan qué van a hacer con su futuro sin tener ningún plan. Estas personas ven su futuro como algo incierto, casi dejando al azar lo que

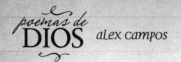
vendrá más adelante. Es como una ruleta rusa, y la tenden-
cia es que la respuesta vendrá de lo que esté de moda en el
momento. Tal vez muchos de los que se encuentren leyendo
ahora este libro se hallen en la búsqueda a fin de saber qué
harán en el futuro, y se han embarcado en la aventura de
conocer o cumplir su sueño. Algunos podrían estar en el camino correcto, mientras que otros quizás se encuentren en
la penumbra, caminando sin saber si lo que están haciendo
es realmente lo que desean hacer.

Escribí esta canción después de tener una conversación con
una mujer a la que le pregunté cuál era la actividad que desa-
rrollaba en la iglesia. Esperé que ella me dijera que formaba
parte del grupo de danza, música o teatro, o del ministerio
misionero o juvenil, o que trabajaba con los niños o desem-
peñaba alguna de las actividades que resultan más llamati-
vas. Sin embargo, no me dio ninguna de las respuestas que
esperaba, sino que con una sonrisa me respondió: «¡Soy intercesora!». En mi mente surgieron los interrogantes: ¿Qué?
¿Intercesora? *Eso es para las ancianas de la iglesia, qué
aburrido*, pensé. Ella entonces me contó muy entusiasmada
acerca de lo increíble que era poder orar por otras personas, otros ministerios y las necesidades ajenas. Poco a poco,
mientras iba hablando, me di cuenta de lo poderoso y mi-
lagroso que resulta interceder en oración intensamente por
otras necesidades diferentes a las nuestras. Recordé una frase
que había aprendido en esos días: «No hay nada mejor que
hacer negocios con Dios». Cuando nos encargamos de sus
intereses y demandas, él se encarga de nuestras necesidades.
Simple, pero muy cierto.

Mateo 6:33 afirma: «Más bien, busquen primeramente el reino
de Dios y su justicia, y todas estas cosas les serán añadidas».
Otra versión de la Biblia lo expresa con estas palabras: «Busquen el reino de Dios por encima de todo lo demás y lleven una

vida justa, *y él les dará todo lo que necesiten*» (NTV). Cuando nos encargamos de su reino, entonces ese mismo reino se torna a nuestro favor. Cuando intercedes, dejas a un lado tus necesidades y clamas en nombre de otros que tal vez no conoces, pero que sabes que necesitan oración. En varios países se me han acercado diferentes mujeres diciéndome: «Hermano Alex, Dios nos ha motivado a mantenernos orando por su vida y su familia». Yo las observo y siento gran admiración y respeto. Ni si quiera las conozco, pero ellas diariamente se mantienen orando a favor de nuestro ministerio. ¡Increíble! ¡Qué gente tan maravillosa! El ministerio de la intercesión, algo tan menospreciado y que se lleva a cabo en el anonimato, se convierte en el motor de nuestros ministerios, que se sostienen por las oraciones de muchos que están en la brecha, orando por ti.

Es increíble poder servir a Dios no solo dentro de una iglesia, sino también cuando te encuentras trabajando fuera de ella. No importa si eres pastor, líder, doctor, músico, arquitecto, ama de casa, escritor, abogado, o desempeñas cualquier otra profesión. Busca siempre ser lo que Dios quiere que seas en medio de lo que ya estás realizando. Disfruta lo que haces, pues no lo haces para ti mismo u otros, sino para Dios, quien ve tu corazón y lo fiel que eres para desarrollar la labor que estás llevando a cabo. No menosprecies lo que haces por muy simple que sea, ya que en las manos de Dios siempre será grandioso. Si solo tienes cinco panes y dos peces, te aseguro que en manos del Maestro esto será una bendición inimaginable. No te canses, persevera a fin de encontrar tu lugar y tu llamado, pues el reino de Dios es de los que lo intentan, de los que lo arrebatan.

¿Qué quiero hacer para Dios? Esa es la pregunta que comencé a formularme después de la charla con aquella amiga. No quería equivocarme haciendo lo que todos deseaban hacer. En ese momento la tendencia era ser parte del grupo musical de la iglesia, y aunque sabía que podía cantar bien, no quería

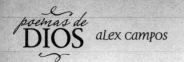

involucrarme en algo solo por un impulso emocional, sino deseaba radicalmente hacer lo que Dios había destinado en su corazón para mí. Una de las cosas que pensé que podría estudiar y desarrollar era la comunicación social, ya que me encanta todo lo que tiene que ver con la radio, la prensa y la televisión. Tener un programa de radio era algo que me llamaba mucho la atención. Poder programar música y dar noticias fue algo que muchas veces pasó por mi mente, y que creo que aún sigue allí esperando el momento para hacerlo. Lo segundo que pensé que podía hacer era predicar. Recuerdo que en la iglesia a la que asistía se organizó un sábado un concurso de predicación en el que cada persona que se había inscrito tenía quince minutos para dar un mensaje. Puede sonar algo loco que se organizara un concurso de predicación, pero para mí ver entregar a cada persona que pasó al frente ese pequeño mensaje resultó muy motivador y me impulsó a soñar con ser predicador algún día. No quería llegar al cielo y decirle a Dios: «Bueno, esto fue todo lo que logré», y que Dios entonces con una sonrisa me contestara: «Bueno hijo, está bien, pero en realidad tenía pensada otras cosas para ti», sacando luego un rollo de actividades muy diferentes a las que había realizado. Creo que sería muy triste llegar ante Dios y presentarle algo completamente distinto a los planes que él tiene para cada uno de nosotros.

Tal vez no seas un gran cantante o un gran pintor, tampoco el primero ni un gran señor, sino alguien cuyo corazón Dios escucha en el anonimato. Es posible que no frecuentes los grandes escenarios y tu historia no aparezca en las revistas, pero solo asegúrate de ser lo que eres en el pensamiento de Dios. Nada más quien él piensa, y entonces podrás estar seguro de que estarás haciendo algo que vale la pena.

CAPÍTULO 6

Su dulce voz

Lo he mirado a los ojos y mirado con dolor,
que aunque yo le he fallado, él me mira con amor.
Yo no entiendo muchas veces el porqué de mi error,
solo sé que fielmente escucharé su voz.

Su voz de pasión, su voz de amor,
esa voz que es más que una loca emoción.
Voz que enamora, voz del corazón,
voz que cuando escucho sana mi dolor.
Su dulce voz.

Lo he escuchado en un ave entonando su canción,
Lo he escuchado en el llanto de aquel bello bebé,
Lo he escuchado en la alegría, lo he escuchado en la oración,
Lo he escuchado en el silencio de su fiel perdón.

Esta es una de las primeras canciones que escribí, siendo tan solo un adolescente con una sencilla guitarra que trataba de escuchar la suave y dulce voz de mi Señor. Escuchar la voz inigualable de Dios se convirtió en mi anhelo, mi mayor deseo, así que tomaba mi guitarra y me pasaba horas cantando cosas nuevas, melodías recién creadas. Sentía la presencia de Dios, sabía que estaba allí, era algo indudable y la podía apreciar, pero difícilmente era capaz de escuchar la voz audible de Dios, de modo que después de ser grandemente bendecido por su

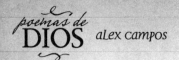

presencia, dejaba la guitarra y me ponía a hacer diferentes actividades. No me quedaba frustrado por no escucharlo, pero sí motivado a esperar que en algún momento él me hablara. Pasaron meses antes de que entendiera una gran verdad: debemos hacer silencio para que la otra persona pueda hablar y nosotros escuchar. No había tomado en cuenta algo tan simple y obvio.

Me gustaría que hicieras el siguiente ejercicio. Piensa en alguien que deseas conocer, alguien que admiras mucho. Entonces un día se encuentran y es tanta tu admiración por esta persona que comienzas a hablar sin parar, le cuentas cómo la conociste, le explicas todo lo que ha motivado en tu vida... en fin, te sientes tan emocionado que no quieres que esta persona se vaya, de modo que tratas de decirle varias cosas para mantenerla más tiempo a tu lado. Sin embargo, llega el momento en que mira su reloj y te interrumpe para decirte: «Gracias por todas esa palabras tan lindas, pero debo irme ya, me están esperando». Tú te tomas rápidamente una foto con él o ella y te despides, sin saber qué pensaba aquel personaje. Más tarde analizas la situación y concluyes que te hubiera gustado conocerle un poco mejor. No obstante, ¿cómo hubieras podido hacerlo si no le dejaste pronunciar ni una sola palabra? Recuerdo que cuando conocí a Marcos Witt estaba tan emocionado y tenía tantos milagros y cosas que contarle, que la noche no me hubiera alcanzado para decirle todo y a su vez agradecerle la bendición tan grande que representaba para mi vida. Recuerdo que le conté un poco, pero me deleité más en pasar varias horas esa noche escuchándolo hablar. Me contó cosas que yo no sabía, las ideas que tenía y los proyectos que estaba desarrollando. ¡Vaya! Fue increíble poder descubrir tantas cosas de un hombre al que admiraba y al cual seguiré admirando. Nos dieron las cuatro de la mañana compartiendo una velada inolvidable en mi vida.

La cuestión es que debes permitir que Dios le hable a tu vida. No sé cuántas palabras le digas, pero sí estoy seguro de que él te esperará para hablarte y comunicarte lo que hay en su corazón. No te levantes de tu silla cuando acabes de hablar, más bien haz silencio y escucha su voz. Es posible que transcurran algunos minutos y creas que estás perdiendo el tiempo, pero tan solo espera, disfruta no solo de su presencia, ya que él quiere que en el silencio puedas también escuchar su voz.

Creo que la mayoría de los tesoros del reino de Dios le aguardan a aquellos que saben escuchar. En las Escrituras encontramos muchas ocasiones en que Jesús les dijo a sus discípulos: «El que tenga oídos para oír, que oiga», exhortándolos de este modo a escuchar sus palabras con atención. Dios desea que tú y yo le escuchemos, que podamos oír su voz y las muchas cosas increíbles que nos enseña al atenderlo con todo cuidado. En su libro *Secretos del lugar secreto*, Bob Sorge escribió: «Las cosas no cambian cuando hablo con Dios; las cosas cambian cuando Dios me habla. Cuando yo hablo, nada sucede; cuando Dios habla, el universo se vuelve real. De manera que el poder de la oración no se encuentra en convencer a Dios de mis asuntos, sino en esperar en él para escuchar sus asuntos». ¡Cuánta verdad hay en este mensaje! Más importante que nuestras propias palabras, que de igual forma él recibe con agrado, es escuchar la poderosa voz del altísimo.

Después de entender la importancia de hacer silencio para permitir que Dios hable a mi vida, es que comenzaron a nacer mis canciones que más han inspirado a la gente. No me podría atribuir el mérito de ser un excelente escritor o poeta, pues al leer mis canciones solo puedo llegar a una conclusión: Dios es el autor de muchas de ellas.

La voz de Dios nos apasiona, nos llena de un amor inagotable. Se trata de algo más que una loca emoción. Su voz llega al corazón y sana tu dolor. Es posible que te digas que ya

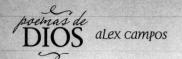

llevas varios días tratando de escucharlo y no has oído nada, pero tan solo disfruta de su presencia y en el momento en que él te hable, podrás decir como el salmista: «Vale más pasar un día en tus atrios que mil fuera de ellos» (Salmo 84:10).

Anhelemos escuchar su voz y tengamos la seguridad de que valdrá la pena esperar por ese sublime momento. Mantente fiel, no te rindas, sé fuerte, y como me dijo un buen amigo llamado Danilo Montero, pelea por tu tiempo con Dios. Es en ese tiempo que determinas que Dios estará esperándote para susurrarte al oído su canción de amor.

capítulo 7

Vuelve pronto

Mis ojos yo alcé al cielo y su rostro se escondía
en las nubes del gran cielo.
Sin aliento y sin consuelo lloré su despedida.
De este mundo tú partías.

Aquel hombre tan bueno, Jesús el nazareno,
aquel que no está entre los muertos.
Mi amigo, mi hermano, aquel hombre verdadero,
del cielo yo dejé de verlo.

Vuelve pronto, por favor, que tus ojos quiero ver.
Por los campos correré, de tu mano andaré.
Vuelve pronto, por favor, que tus ojos quiero ver.
Tus caricias recibiré, hasta el fin yo te amaré.

Día a día yo te esperaré, yo me entregaré y te adoraré.
En tu presencia me deleitaré, yo me gozaré, en ti yo moriré.
Vuelve pronto, no tardes en volver,
regresa, por favor, regresa otra vez.

Cuando los discípulos estaban despidiéndose de su Maestro,
me imagino el dolor que todos sentirían. Al impulsivo Pedro
seguramente le corrían las lágrimas por sus mejillas al ver
que Jesús estaba por partir. Él había cambiado de forma radical su vida: lo había convertido de un simple pescador en

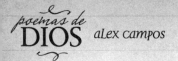

un pescador de hombres. Estaba a punto de ver marcharse a quien por medio de la fe lo enseñó a dar sus primeros pasos por las altas mareas del mar. Aquel al que vio levantarse de los muertos se despedía de ellos. Una escena dramática y triste.

Jesús les había asegurado a sus discípulos que estaría con ellos hasta el final de los tiempos, y a su vez les prometió que enviaría al Consolador, el poderoso Espíritu Santo, el cual los llenaría con su poder y su presencia. Sin embargo, durante los días anteriores a ser bautizados con el Espíritu de Dios, se habían escondido atemorizados y tristes, porque el Maestro ya no estaba entre ellos.

No sé qué cambios haya hecho Jesús en tu vida, pero puedes estar seguro de que ya hizo lo más importante de todo: dio su vida por ti y toda la humanidad. Detente a pensar por un minuto en este hecho: él dio su vida por nosotros. Creo que esta poderosa verdad es suficiente para hacernos querer entregarle también nuestra vida, no solo de forma pasajera, sino por completo y sin reservas, al punto de que cada vez que le fallemos, sintamos el dolor de perder la comunión con el Creador, el mejor amigo, el concejero fiel, el sanador de nuestras enfermedades, el amado de nuestro corazón. ¿Cuántas veces nos hemos sentido así? En muchas ocasiones he tenido que entonar el coro de esta canción: *Vuelve pronto, por favor, que tus ojos quiero ver.* No deseo apartar mi mirada ni mi enfoque de él, sino caminar con Jesús cada día, experimentando su amor y perdón.

Día a día yo te esperaré, yo me entregaré y te adoraré. Debemos vivir un día a la vez y siempre llevar una vida devota, en adoración a Dios. En pocas palabras, debemos estar preparados para cuando él retorne, para el momento en que suene la trompeta y seamos levantados a los cielos por Jesús. ¿Te imaginas? Nuestra espera no debe ser pasiva ni despreocupada, sino debemos mantenernos vigilantes y a la expectativa. Las Escrituras son claras en cuanto a esto:

El reino de los cielos será entonces como diez jóvenes solteras que tomaron sus lámparas y salieron a recibir al novio. Cinco de ellas eran insensatas y cinco prudentes. Las insensatas llevaron sus lámparas, pero no se abastecieron de aceite. En cambio, las prudentes llevaron vasijas de aceite junto con sus lámparas. Y como el novio tardaba en llegar, a todas les dio sueño y se durmieron. A medianoche se oyó un grito: «¡Ahí viene el novio! ¡Salgan a recibirlo!» Entonces todas las jóvenes se despertaron y se pusieron a preparar sus lámparas. Las insensatas dijeron a las prudentes: «Dennos un poco de su aceite porque nuestras lámparas se están apagando.» «No —respondieron éstas—, porque así no va a alcanzar ni para nosotras ni para ustedes. Es mejor que vayan a los que venden aceite, y compren para ustedes mismas.» Pero mientras iban a comprar el aceite llegó el novio, y las jóvenes que estaban preparadas entraron con él al banquete de bodas. Y se cerró la puerta. Después llegaron también las otras. «¡Señor! ¡Señor! —suplicaban—. ¡Ábrenos la puerta!» «¡No, no las conozco!», respondió él. Por tanto —agregó Jesús—, manténganse despiertos porque no saben ni el día ni la hora (Mateo 25:1-13).

De algo debemos estar seguros: Jesús regresará por su iglesia. Él vendrá por segunda vez, y tú y yo debemos estas preparados, listos, atentos. No podemos descuidar nuestra comunión con Dios, pues es esa comunión la que nos fortalece para el día a día, ayudándonos a estar enfocados y no solo a tener nuestras lámparas encendidas, sino también a disponer de la provisión necesaria para cuando él regrese.

La Palabra dice que nadie sabe ni el día ni la hora en que Jesús

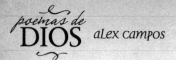

regresará por nosotros. Él vendrá como ladrón en la noche, cuando menos se lo espere, así que no tengamos por tardanza su regreso, sino más bien vivamos expectantes y deseosos de encontrarnos con él en las nubes.

¿Qué debemos hacer mientras esperamos su retorno? Como dice la canción: *En tu presencia me deleitaré, yo me gozaré, en ti yo moriré.* Debemos deleitarnos cada día en la presencia de Jesús, en su perfecta voluntad. Dios desea que vivamos no solo añorando su venida, sino que podamos disfrutar de su presencia aquí en la tierra, viviendo agradecidos y orgullosos de que él sea nuestro Señor, siendo los mejores esposos, padres, hijos y alegres representantes de su amor. La vida cristiana es una increíble aventura donde veremos milagros, desafíos y desiertos, experimentando la poderosa presencia de Dios. No entiendo cómo algunos cristianos pueden vivir una vida aburrida y en continuo lamento. No importa si tienes mucho o poco, si eres alto o bajo, flaco o gordo, lo importante es vivir un día a la vez, siendo agradecidos en todo tiempo y haciendo que nuestra vida sirva de ejemplo a otros y anime a muchos a seguir a aquel al que tú y yo hemos decidido amar sin reservas, a nuestro único y suficiente Salvador, Jesús.

Vuelve pronto, no tardes en volver, regresa, por favor, regresa otra vez. Algunas veces cuando alguien me pide un autógrafo escribo junto a mi firma una cita de Palabra de Dios: Romanos 8:19-23. Estos versos declaran: «La creación aguarda con ansiedad la revelación de los hijos de Dios, porque fue sometida a la frustración. Esto no sucedió por su propia voluntad, sino por la del que así lo dispuso. Pero queda la firme esperanza de que la creación misma ha de ser liberada de la corrupción que la esclaviza, para así alcanzar la gloriosa libertad de los hijos de Dios. Sabemos que toda la creación todavía gime a una, como si tuviera dolores de parto. Y no sólo ella, sino también nosotros mismos, que tenemos las primicias del Espíritu, gemimos interiormente, mientras aguardamos nuestra adopción como hijos, es decir, la redención de nuestro cuerpo». La creación entera y cada uno de los que hemos aceptado a Jesús como Señor y Salvador anhelamos, deseamos, esperamos con ansiedad ese bendito momento en que él retorne a la tierra por segunda vez, ya que en la actualidad todo el universo y cada ser humano padecen muchos males cada día y existe mucha crueldad en el mundo. Sin embargo, debemos ser luz en medio de tanta maldad y apatía, viviendo vidas rectas y devotas a Dios. La vida es un regalo de Dios y debemos vivirla en gratitud y continua adoración a él, pero nada se comparará al momento en que seamos levantados de esta tierra, renovados con un cuerpo nuevo, disfrutando de todas las promesas que como hijos tenemos el derecho a recibir. Podemos disfrutar de la firme esperanza de que la creación misma será liberada de la corrupción, la maldad y el pecado que por años ha tenido esclavo al mundo. Sí, en ese momento divino seremos libres, nuestros cuerpos mortales serán redimidos y alcanzaremos una gloriosa libertad como hijos de Dios.

capítulo 8

Al taller del Maestro

Ay, como me duele estar despierto y no poder cantar,
cómo expresarte sin palabras que muero si no estás,
que el tiempo pasa y todo cambia, hoy lloro en soledad,
que el sueño que llevo en el alma, de repente ya no está,
que la sonrisa se ha marchado, mis lágrimas caerán.

Al taller del Maestro vengo, pues él me curará,
me tomará entre sus brazos y cada herida sanará.
Las herramientas del Maestro mi alma remendarán,
martillo en mano y mucho fuego, aunque me duela ayudará
a conocer y a entenderlo, a saber que nada merezco.
Amarte es más que un pretexto, es una entrega, es un negar;
más que aquel sentimiento, es la decisión de amar.

Al taller del Maestro vengo, allí el sol se pondrá.
Al taller del Maestro vengo, carpintero mi alma aquí está.
Al taller del Maestro vengo, no importa el tiempo que allí he
de estar.
Al taller del Maestro...

Ay de aquellos días que hizo frío, el sol no apareció.
Cuando el talento no lo es todo, y el silencio vale más
que mil palabras sin sentido y una vida que morirá,
si tú no estas aquí conmigo, de qué sirve mi cantar.
Para qué la fama y las estrellas, si el Maestro allí no está.
Para qué decirte que te amo, si contigo no quiero estar.

Ay, como me duele estar despierto y no poder cantar. Esta es una frase de dolor que nació desde el fondo de mi corazón. Se trataba de un dolor que se hacía más fuerte y profundo al pasar los días, ya que los médicos me habían pronosticado un tumor en mis cuerdas vocales, algo que me impedía hacer lo que más me gustaba, cantar, y que a su vez ponía en duda aquellas promesas que Dios me había dado desde pequeño.

¡Qué difícil es creer cuando te rodean circunstancias adversas y opuestas a lo que quisieras! ¡Qué complicado es mantener tu fe sólida y firme como la roca! Allí estaba yo, solo en mi habitación, trayendo mi dolor y me queja ante él. No sabía qué más decir, pero tampoco podía llevar esta carga por dentro, ya que era algo que me hacía sentir incómodo y ponía a prueba mi fe y mi confianza. Y digo esto porque es fácil componer y escribir canciones cuando todo está relativamente bien, cuando nada te preocupa y te roba tu atención la mayor parte de tu tiempo. Sabía que no podía llevar solo esta carga, y aunque me imagino que lo ideal era haberme mantenido en una actitud de agradecimiento y adoración a Dios, también he aprendido que puedo traer mi carga y mi dolor ante Jesús, llevarle mi queja y mi preocupación. Me daba cuenta de que solo en su presencia podría obtener más que respuestas. Allí encontraría la sabiduría y la fuerza para afrontar aquella prueba, ya que el Señor nos alienta: «Vengan a mí todos ustedes que están cansados y agobiados, y yo les daré descanso» (Mateo 11:28).

Por eso aquella noche me encontraba ante el Señor, llevándole mi dolor y mi angustia al único que podía sanar mi corazón. Sé que resulta más fácil quejarnos y echarle la culpa a Dios, pero debemos recordar que no estamos solos y que él desea que transformemos nuestro dolor y quebranto en gozo y alegría, aferrándonos a sus promesas, pues él ya cambió nuestro lamento en baile. Jesús ya pagó el precio por nuestras deudas, así que cada vez que afrontemos un desierto, prueba, enfermedad, decepción, traición o cualquier clase de problemas, necesitamos en oración transformar todo esto en una ofrenda de gratitud a Dios. Es ahí donde podemos experimentar la provisión de su Espíritu Santo, que es el único que nos da la capacidad de afrontar las pruebas como guerreros del Señor.

Cómo expresarte sin palabras que muero si no estás [...] que la sonrisa se ha marchado, mis lágrimas caerán. Hay un dicho que dice que las palabras se las lleva el viento. Hoy, más que palabras, necesitamos ser verdaderos con nuestros hechos, ser consecuentes con lo que cantamos o decimos. ¿Cómo decirle a Dios que lo amamos eternamente sin utilizar palabras? ¡Interesante! Hace unos años atrás cantábamos una canción muy especial en la que declarábamos nuestro amor incondicional a Dios. Su letra dice:

> *Te amo, te amo. Es todo lo que puedo decir.*
> *Te adoro, te adoro. Todo mi ser confía en ti.*

> *Yo te amaré y te adoraré,*
> *no importa lo que pueda venir.*
> *En ti, Señor, siempre confiaré,*
> *y te amaré hasta el fin.*

¡Cuántas veces entoné esta canción y sentí que no era totalmente cierto lo que decía con mis palabras! *Todo mi ser confía en ti.* Falso, no tenía la confianza suficiente para reconocer que Dios podía cambiar mi lamento en baile. *Yo te amaré y te adoraré, no importa lo que pueda venir.* Falso, cualquier pretexto era válido para dejar a Dios en segundo plano.

¿Cómo expresarle sin palabras que morimos en vida si él nos llega a faltar? La respuesta es con nuestra vida entera, viviendo a fin de morir cada día para Jesús. Cuando hacemos esto y dejamos que él tenga el señorío en nuestra vida, estoy seguro de que nuestras canciones serán más que palabras, dejando de ser melodías del domingo para convertirse en frases que constituyen el estandarte de nuestra fe. Dios busca adoradores en espíritu y en verdad, y si los busca es porque no encuentra que lo que cantamos y declaramos sea la realidad de nuestras vidas.

Que el sueño que llevo en el alma, de repente ya no está. Muchas veces sentimos que nuestros sueños y todo lo que amamos se nos van como agua entre los dedos. Aquello que un día Dios nos prometió y por lo cual esperamos mucho tiempo, luego de que se ha hecho realidad, de pronto ya no está más. Tenía un sueño y un deseo intensos durante mi adolescencia, pero un día sin aviso y sin anunciarse dejaron de existir. Recuerdo que uno de los grandes desafíos de mi vida era hacer a un lado la mentalidad de pobreza, dejar de creer que había nacido para ser pobre y con escasos recursos. Cuando comencé a servir a Dios a través de la música y el canto, observé su fidelidad en lo que respecta a las finanzas en mi vida, poco a poco pude ver cómo éramos capaces de organizarnos en nuestro hogar, junto a mamá y mis hermanos. Cada día vivíamos agradecidos por la inmensa y nunca faltante provisión de Dios. Y de repente, de un día para otro, la noticia era que no podría seguir cantando, que tenía que comenzar a buscar otra área para desarrollar mi futuro. Fue una noticia devastadora y a su vez ponía en la balanza mi fe, mi verdad, a fin de comprobar si era o no una realidad en mi vida. Recuerdo que durante los primeros segundos después de escuchar al doctor decirme todo esto, mi pensamiento se alternaba entre confiar en que todo estaría bien y la preocupación sobre qué sería de mi futuro, a qué me dedicaría. Era algo difícil de manejar. Mi mente decía: «¿De qué vas a vivir ahora?». Y el Espíritu de Dios me aseguraba: «Todo está bajo control». Al pasar los minutos, el pensamiento en mi mente

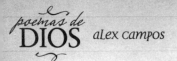

se hacía más fuerte y poco a poco me iba derrumbando en el dolor y la tristeza al considerar un futuro diferente. Fueron varios altibajos los que atravesé durante aquella etapa. En el día, seguía dirigiendo el ministerio, mostrando una fe fuerte e inmutable; en las noches, me derrumbaba en medio del llanto con miles de pensamientos, atrapado en un túnel oscuro que no tenía salida.

La Biblia nos enseña diferentes oportunidades en las que aquellos hombres de Dios se enfrentaron a momentos de dolor y quebranto, y uno de los que más me impacta y que muchos conocemos es el que Abraham e Isaac experimentaron. Abraham era un hombre que decidió creerle a Dios aun en contra de las circunstancias y sus realidades. Él creyó que tendría un hijo y llegaría a ser padre de muchas naciones, algo loco conociendo todas sus limitaciones, pero aun así, decidió mantener su confianza firme en Dios. Más tarde, Abraham tiene su hijo y al fin lo puede cargar en sus brazos. Me imagino a este padre con lágrimas en sus ojos, reconociendo la grandeza y el poderío del Señor. Sin embargo, luego Dios mismo le pide que entregue como ofrenda y sacrifico a aquel por el cual tanto había esperado, orado y ayunado, su hijo y su adoración: Isaac. Sé que tuvo que pasar esos días sin dormir, tratando de conocer el porqué, pensando si se trataba o no de la voluntad de Dios. Fueron horas agonizantes las de aquel padre, que no solo amaba a su hijo, sino que también vivía confiando en la promesa de ser el padre de una nación innumerable. Sí, él tuvo que sentir por un momento el dolor de perder lo que más amaba, su mayor tesoro, su hijo Isaac. No obstante, me impacta el nivel de obediencia y confianza de Abraham. La Biblia coloca a este hombre entre los héroes de la fe, diciendo acerca de él: «Por la fe Abraham, que había recibido las promesas, fue puesto a prueba y ofreció a Isaac, su hijo único, a pesar de que Dios le había dicho: "Tu descendencia se establecerá por medio de Isaac." Consideraba Abraham que Dios tiene poder hasta para resucitar a los muertos, y así, en sentido figurado, recobró a

Isaac de entre los muertos» (Hebreos 11:17-19).

¿Cuántas veces Dios nos ha pedido que muramos a lo que más amamos? Creo que siempre, ya que una vez que algo o alguien ocupa el lugar que le corresponde exclusivamente a él, entonces es tiempo de entregarlo y reenfocarnos en aquel que es el dador de los sueños.

En mi caso, lo que era mi sueño y el regalo de Dios para mí había tomado el primer lugar en mi corazón. Sé que le cantaba a Jesús, pero el arte de cantar había cobrado más valor e importancia que su misma presencia en mi vida, de modo que Dios permitió todo esto para hacerme entender que no dependo de mis dones ni mis talentos, de lo bien que escribo o canto, de lo mucho que pueda tener, no, dependo únicamente de él. Que Dios nos ayude a mantener siempre nuestros ojos fijos en él.

La canción prosigue: *Al taller del Maestro vengo, pues él me curará, me tomará entre sus brazos y cada herida sanará. Las herramientas del Maestro mi alma remendarán.* ¿A quién podremos acudir en medio de los miles de desafíos que podemos enfrentar? La respuesta lógica, sensata y que sé que estás pensado en este mismo momento es: a Dios. No obstante, me surge entonces una nueva pregunta: Si Dios es nuestra única salida, ¿por qué siempre tenemos un plan B y C debajo de nuestra manga? Es como si pensáramos: *Bueno si Dios se demora y no actúa, tendré listo mi plan personal de emergencia.*

En realidad, Sara, la esposa de Abraham, tenía un plan B por si aquella promesa de un hijo se tardaba o resultaba ser una locura de un viejo soñador. Su plan B fue hacer que Abraham se acostara con una de sus siervas y tuviera el hijo que tanto deseaba. ¡Cuánto nos cuesta esperar y confiar en las promesas de Dios! No queremos pagar el precio, y nos resulta más fácil hacerlo a nuestra manera. Sin embargo, voy

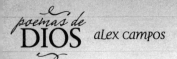
a darte algunas razones de por qué Dios debería ser nuestra única salida, en quien confiar y por el cual deberíamos seguir esperando.

1. Su voluntad es perfecta.
2. Él es el buen pastor que cuida de las ovejas.
3. Quiere lo mejor para nosotros.
4. Es Dios todopoderoso.
5. Conoce el camino que debemos andar.
6. Ve todo desde una perspectiva diferente, una perspectiva divina.

Esas son solo unas pocas, pero podría enumerar muchas más razones para darnos cuenta que Dios debería ser nuestra única salida, nuestro único socorro en los momentos en que no tenemos claro el rumbo de nuestra vida. Dios desea tomarnos en sus brazos y darnos su amor, anhela que vengamos a él como nuestra única esperanza. Él envió a su único Hijo, Jesús, para que muriera por nosotros, así que cómo negarnos a darle el control de nuestra vida luego de un acto de amor tan sublime y redentor, que nos libera del pecado y nos da la oportunidad de volver a tener comunión con aquel que nos creó.

Dios desea llevarnos a su taller y allí moldear nuestra vida, de modo que paso a paso podamos llegar a la estatura del varón perfecto que es Jesús.

Desecha todo plan que impida que Dios haga lo que tiene que hacer en tu vida. Permite que sus caminos sean los tuyos, que sus pensamientos sean los que controlen tu vida, que se haga su voluntad y no la nuestra. Hay un dicho que dice: «Todos los caminos conducen a Roma». Puede que con tu plan B logres en parte alcanzar lo que deseabas, pero ten en cuenta los sufrimientos y las luchas inútiles que tuviste que enfrentar. El Salmo 32:8 afirma: «Yo te instruiré, yo te mostraré el camino que debes seguir; yo te daré consejos y velaré por ti». Dejemos que el Espíritu Santo nos guíe por el camino que tú y yo debemos andar.

Martillo en mano y mucho fuego, aunque me duela ayudará a conocer y a entenderlo, a saber que nada merezco. Dios permite cosas y situaciones que nunca vamos a entender. Nos devanamos lo sesos tratando de comprender por qué suceden algunas cosas difíciles en nuestra vida, pero debemos recordar que Dios no actúa según nuestras normas y deseos. La Biblia es clara en cuanto a esto: «Porque mis pensamientos no son los de ustedes, ni sus caminos son los míos —afirma el Señor—. Mis caminos y mis pensamientos son más altos que los de ustedes; ¡más altos que los cielos sobre la tierra! (Isaías 55:8-9). Sin embargo, nos cuesta mucho someternos a esta verdad o creer en ella.

La Biblia también nos enseña en uno de sus increíbles pasajes que en ocasiones Jesús dice que no a una petición especial hecha por sus más queridos amigos. La historia se encuentra en Juan 11:1-44.

Había tres hermanos: Lázaro, Marta y María, los cuales eran amigos muy cercanos de Jesús y cuyo hogar en Betania era uno de sus lugares preferidos. Un día Lázaro enfermó y se puso muy grave, de modo que Marta y María, en su desesperación y recordando los milagros de su amigo Jesús, lo mandaron a buscar para que viniera en rescate de su hermano. Cuando los mensajeros al fin encuentran a Jesús, le informan la gravedad del asunto con voz agitada y un poco de afán, esperando que el Maestro reaccionara rápidamente y tomara el primer vuelo directo a Betania. Para sorpresa de todos, y me imagino que incluso de sus propios discípulos, Jesús se negó de una manera especial. Sus palabras fueron: «Esta enfermedad no terminará en muerte, sino que es para la gloria de Dios, para que por ella el Hijo de Dios sea glorificado» (v. 4). La Biblia luego cuenta: «Jesús amaba a Marta, a su hermana y a Lázaro. A pesar de eso, cuando oyó que Lázaro estaba enfermo, se quedó dos días más donde se encontraba». ¡Qué difícil de entender! ¿Verdad? ¿Te imaginas lo que pudieron pensar aquellas dos hermanas cuando vieron a los mensajeros regresar solos y con unas noticias que no esperaban oír? *¡Aunque me duela ayudará!* Hay mucha verdad en esta frase. Nadie conocía los planes ni los pensamientos del Maestro. Los judíos de aquella región no querían a Jesús. En realidad, lo habían intentado apedrear en una ocasión, de modo que esta muerte tendría como fin que aquellos enemigos de Jesús pudieran reconocer la gloria de Dios a través de su Hijo. Me hubiera encantado ver las caras de aquellos hombres duros de corazón cuando Lázaro fue levantado de entre los muertos. Si esto hubiera ocurrido en nuestros tiempos, aquellos hombres y mujeres estarían tomando fotos y pidiéndole autógrafos a Jesús, reconociendo que era el Hijo de Dios. Los planes divinos resultan increíbles, y algo totalmente incomprensible puede convertirse en el milagro más poderoso.

Recuerdo las veces que mi esposa y yo llevábamos a vacunar a nuestros hijos, en especial la primera vacuna de nuestra hija mayor, Juannita. Ella era muy pequeña y nosotros como padres estábamos nerviosos, pero sabíamos que esto era necesario para el buen crecimiento de nuestra pequeña. Mi esposa decidió quedarse afuera mientras yo entraba con mi bebé. Nunca olvidaré ese doloroso momento. El doctor me pidió que le quitara el pañal y le sujetara la piernita fuerte entretanto él la inyectaba. Al tomar a Juannita en mis brazos, ella se comenzó a reír. Sus ojos estaban conectados con los míos cuando la aguja entró de repente en su cuerpo... y aquella tierna mirada en un instante cambió. Más que dolor mostraba confusión y desconcierto. Era como si su mirada hablara y me dijera: «¿Por qué, papito? ¿Por qué permites que me hagan daño? ¿Por qué no me ayudas?». No sé a quién le dolió más, si a ella o a mí. Salí del consultorio con el corazón roto, tratando de consolar el llanto de mi bebé, pero entendía que era necesario y como padre tenía la obligación de hacer que se vacunara. Hay muchas cosas que duelen, pero que son necesarias para nuestro bien en un futuro. El oro debe ser pasado por el fuego para ser purificado. El mismo se funde a altas temperaturas a fin de ser despojado de sus impurezas, luego es golpeado varias veces para que tome forma, y después de pasar por varios procesos, entonces lo podremos apreciar en todo su esplendor y considerar unos de los metales más bellos y de mayor valor. Lo mismo sucede con nosotros. Las Escrituras señalan: «El oro, aunque perecedero, se acrisola al fuego. Así también la fe de ustedes, que vale mucho más que el oro, al ser acrisolada por las pruebas demostrará que es digna de aprobación, gloria y honor cuando Jesucristo se revele» (1 Pedro 1:7).

Dios nos compara con el oro y nos asegura que nuestra fe es aun más valiosa que este metal precioso, la cual pasará también por el proceso de ser probada y purificada por el fuego, representado mediante las pruebas y problemas que enfrentamos. Somos como piedras en bruto que deben pasar por las manos del orfebre celestial y ser martilladas hasta obtener la forma adecuada, entonces nuestra vida estará llena de brillo y valor. Martillo en mano y mucho fuego, algo que le dará valor y carácter a nuestra vida.

Amarte es más que un pretexto, es una entrega, es un negar; más que aquel sentimiento, es la decisión de amar. ¡Cuán a la ligera hemos tomado la frase «Te amo Dios»! Una frase muy poderosa, pero que se ha convertido en un cliché en medio de nuestra jerga diaria. Hoy, la mayoría afirma amar a Dios.

Sin embargo, ¿cómo amar a alguien que no conoces? Uno de los versículos más importantes, si es que puede decirse así, o que muchos opinan que resume las Escrituras, es Juan 3:16: «Porque tanto amó Dios al mundo, que dio a su Hijo unigénito, para que todo el que cree en él no se pierda, sino que tenga vida eterna».

El amor de Dios se resume y se evidencia en que decidió morir por cada uno de nosotros. Su entrega, sufrimiento y muerte fueron su forma de decir: «Hijos, los amo». ¡Tremendo! Y Dios espera que le amemos de igual forma, con sacrificio, negándonos a nosotros mismos, muriendo a nuestra carne, para que entonces podamos decir con fervor y verdad: «Dios, te amo».

Las Escrituras, al exhortar a los esposos a amar a sus esposas en Efesios 5:25, les pide que lo hagan del mismo modo que Cristo amó a la iglesia, es decir, muriendo por ella. Esta es una tarea que como esposos debemos aprender. En mi opinión, pienso que para Dios amar implica morir si es necesario por la otra persona, entregarse, negarnos. Es entonces que verdaderamente amamos.

Cuando el joven rico se acercó a Jesús y postrándose le preguntó: «Maestro, ¿qué debo hacer para heredar la vida eterna?», resultaba obvio que la motivación de este hombre era la emoción de ver a Jesús hacer milagros y prodigios, pareciéndole increíble convertirse en un seguidor de aquel hombre, ser de los íntimos de Jesús. El Señor, conociendo su corazón, le respondió: «Vende todo lo que tienes y repártelo entre los pobres». Al oír esto, aquel hombre se desanimó y dándole la espalda se marchó del lugar. Muchos queremos disfrutar del amor divino y obtener esa vida eterna tan anhelada sin morir a las cosas que más amamos. Aquel hombre rico amaba más a sus riquezas de lo que podía llegar a amar a Dios.

¿Qué es lo que más amas en la vida? ¿Quién ocupa el primer lugar en el pedestal de tu corazón? Amar es más que un pretexto, es la decisión de amar.

Cuando el talento no lo es todo, y el silencio vale más que mil palabras sin sentido y una vida que morirá, si tú no estas aquí conmigo, de qué sirve mi cantar. Sé que Dios me ha llenado de talentos y dones, y que al ponerlos a su servicio esto ha traído mucha bendición no solo para mi vida, si no para mucha gente alrededor del mundo. Sin embargo, el talento sin el toque precioso de Dios no es nada, es simplemente eso, talento.

En 1 Corintios 13:1, el apóstol Pablo declara: «Si hablo en lenguas humanas y angelicales, pero no tengo amor, no soy más que un metal que resuena o un platillo que hace ruido». El talento sin amor, sin ese amor perfecto de Dios, se compara con el ruido, algo que resulta molesto para el oído. Es preferible, como expreso en mi canción, hacer silencio. Si Dios no está conmigo, ¿de qué sirve mi cantar? Es como entonar palabras sin sentido, como una poesía sin realidad, como un ave sin un cielo para volar. Mi música sería solo ruido si no tuviera el toque del Maestro, por eso no me gusta componer por componer; podría escribir canciones todos los días, pero prefiero hacerlo cuando sé que Dios está allí conmigo, manteniendo una relación muy íntima y fuerte. Tampoco escribo canciones para hacer discos, sino porque siento que tengo que expresarle a Dios a través de su Espíritu Santo mi gratitud, adoración, admiración, exaltación, e incluso mi necesidad de él. Estoy convencido de que nada de lo que soy o tengo se debe a mi talento, ya que todo se lo debo a él, a su poderoso toque que hace que cada melodía esté llena de su restauración y amor.

Muchos músicos se me han ha cercado preguntándome cuál

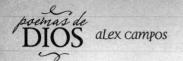

es mi secreto, cómo hacer para escribir canciones que sean de bendición. Sin embargo, observo en muchos de ellos un deseo fuerte de hacer discos y grabar, pero no tanto de buscar en intimidad ese toque divino de Dios. Y creo que ahí está el secreto, eso marcará la diferencia entre una canción escrita solo para lograr publicidad y una que nació en el corazón de Dios. Ahí reside la diferencia entre un talento fruto del mundo y un talento que fue tocado por el dedo de Dios.

Para qué la fama y las estrellas, si el Maestro allí no está. Para qué decirte que te amo, si contigo no quiero estar. Hace unos días, en medio de una entrevista que dimos en la ciudad de Miami durante Expolit, en la cual estábamos anunciando el nuevo material en vídeo en formato 3D, alguien me preguntó qué se sentía al ser pionero, qué pensaba sobre haber sido escogido para presentar este material, sabiendo que hay muchos ministerios iguales o mejores que el nuestro. Con mucha alegría y medio en broma contesté: «Me siento feliz y privilegiado de tener tan linda oportunidad, pero no me puedo jactar de mi talento ni de haber sido escogido para esto, pues aunque no me quiero quejar de ello, tengo un limitante, solo veo por un ojo y no sé qué es disfrutar de un vídeo en 3D. Creo que fui el elegido porque no tengo de qué gloriarme, de qué presumir, y prefiero mantener una posición de humildad y tomar esto de la forma más normal, sabiendo que solo soy un elemento más que en su gracia y favor Dios puede utilizar. Entiendo que solo soy el burrito y que él va sobre mí, llevándose los aplausos y toda la gloria».

¿De qué sirven los Grammys, los aplausos y el reconocimiento si el Maestro no está con nosotros? No sirven de nada, no significan nada. El rey David, después de pecar y hacer lo malo ante los ojos de Dios, escribió el Salmo 51 pidiendo misericordia y perdón por sus pecados: «Ten compasión de mí, oh Dios, conforme a tu gran amor; conforme a tu inmensa bondad, borra mis transgresiones. Lávame de toda mi maldad y límpiame de mi pecado. Yo reconozco mis transgresiones; siempre tengo presente mi pecado. Contra ti he pecado, sólo contra ti, y he hecho lo que es malo ante tus ojos; por eso, tu sentencia es justa, y tu juicio, irreprochable. Yo sé que soy malo de nacimiento; pecador me concibió mi madre. Yo sé que tú amas la verdad en lo íntimo; en lo secreto me has enseñado sabiduría. Purifícame con hisopo, y quedaré limpio; lávame, y quedaré más blanco que la nieve. Anúnciame gozo y alegría; infunde gozo en estos huesos que has quebrantado. Aparta tu rostro de mis pecados y borra toda mi maldad. Crea en mí, oh Dios, un corazón limpio, y renueva la firmeza de mi espíritu. No me alejes de tu presencia ni me quites tu santo Espíritu. Devuélveme la alegría de tu salvación; que un espíritu obediente me sostenga. Así enseñaré a los transgresores tus caminos, y los pecadores se volverán a ti» (vv. 1-13).

Nota que él no le pidió a Dios que no le quitara su reino, la fama o a sus valientes. No. Solo le suplicó que no lo apartara de su presencia ni alejara al Espíritu Santo de su vida. Esa era la alegría de su salvación, a diferencia del rey Saúl, que sí prefirió su reinado y su voluntad a la aprobación y la presencia de Dios. Por eso se dice de David que es un hombre conforme al corazón de Dios, ya que escogió morar en su presencia y buscar su aprobación antes que la fama y el estrellato.

CAPÍTULO 9

¿Qué eres para mí?

No encuentro dónde ir si tú no estás junto a mí.
No encuentro la salida, sin ti mi vida agoniza.
No encuentro una voz que le hablé a mi vida.
No encuentro unas manos que sanen mis heridas.

Aunque pienso que tú no existías,
vengo a ti, a buscar aquella salida.
Sé muy bien, no lo sé, qué eres para mí.
Un amor, religión o solo teoría; no lo sé.

Religión sé que es esa monotonía.
Que el amor es aquel que dio así su vida.
Aquí estoy otra vez con todas mis heridas,
que al igual son tus heridas.

Ven y entra a mi vida, llena mi corazón.
No más lágrimas, mentiras, cansado de eso yo estoy.
Con un toque tuyo a mi vida, todo cambiará.
Apresúrate a salvarme mi Señor, mi Salvador.

Recuerdo que cuando estaba a punto de escribir esta canción, la pregunta que rondaba mi mente era: ¿Qué es Dios para mí? ¿Quién es él para mi vida? Mi salvador, mi jefe, mi amante, mi amigo, mi sanador. Creo que Dios puede ser muchas cosas en nuestra vida, pero él desea ser algo especial para cada uno de nosotros. Una vez escuché que Dios se había convertido en el Dios bombero para muchos: solo lo buscamos en medio de nuestros incendios, lo llamamos desesperados, pero una vez que el fuego se ha ido y todo vuelve a la normalidad, nos olvidamos que el Bombero existe.

Para algunos Dios es sinónimo de una religión fuerte y radical: vamos los domingos a la iglesia porque es la tradición, abrimos la Biblia en nuestras casas en el Salmo 91 para recibir protección, no comemos carne ni se ingieren bebidas alcohólicas durante los días de la Semana Santa. Sin entender por qué exactamente, pertenecemos a la religión X, Y o Z, y así la adoración a Dios se convierte en algo monótono y predeterminado. Recuerdo cuando mi madre me llevaba todos los jueves sagradamente a la iglesia con unos garrafones de agua para que allí los bendijeran y poder tener agua bendita en la casa. Una religión vacía, eso era Dios para mi familia.

Para otros se trata de una simple emoción. Es fácil dejarnos llevar por las emociones, pero el día que no las experimentemos, el día que no se nos erice la piel y no nos caigamos al suelo, entonces aseguramos que Dios no estaba allí. Para varios Dios es algo aburrido, como cuando era adolescente y escuchaba a mis amigos decir: «Ay, qué fastidio tener que ir a la iglesia. Los cristianos son muy aburridos». Todo lo referente a Dios era símbolo de falta de diversión. Para otros, Dios es un tirano, un Dios enojado que solo espera que nos equivoquemos y poder castigarnos. Para otros es alguien injusto, algo que se evidencia en las interrogantes: ¿Por qué hay tanta maldad en la tierra? ¿Por qué hay tantos niños en la calle? ¿Por qué Dios permitió ese terremoto?

¿Quién es Dios para ti? Lo primero que yo conocí de Dios fue su aspecto paternal. Él quiere que lo conozcas como a un Padre. Aunque no hayas disfrutado de un padre terrenal, él puede llenar ese espacio en tu vida y ser ese padre amoroso que te cuida y te dice: «Hijo mío, eres el mejor». Luego lo conocí como mi proveedor, pues aunque teníamos muy escasos recursos, nunca nos faltó el pan en la mesa, el dinero para nuestro colegio ni nuestra ropa, ya que siempre disfrutamos de su abundante y buena provisión. Lo conocí también como mi sanador. Cuando los médicos diagnosticaron tumores en mis cuerdas vocales, él vino y con su mano sanadora limpió mi garganta; cuando he estado enfermo y en una situación difícil para cantar en medio de un gira, él me ha tocado y sobrenaturalmente me he levantado y cantado durante dos o tres horas. Lo he conocido como el que restaura al sentir el abandono de mi padre, en una relación de noviazgo en la que me hirieron dándome la espalda. Dios siempre ha estado ahí para restaurar mi vida y darme la capacidad de amar y perdonar, para sanar y curar las heridas más profundas de mi corazón. Lo conozco como el Dios fiel, porque aunque yo le he fallado, no ha dejado de amarme y creer en mí, su fidelidad es tan grande que no logro comprenderla.

La declaración más poderosa en esta canción es la última frase: *mi Señor, mi Salvador*. Jesús puede ser nuestro sanador, padre, amigo y muchas cosas más, pero lo que él más desea es que lo reconozcamos sobre todo como Señor y nuestro único y suficiente Salvador. Para eso vino al mundo. Para eso murió en la cruz, a fin de ser ese camino, esa verdad y esa vida que nos lleva al Padre.

Meditemos por unos minutos y pregúntate quién es Dios en tu vida. ¿En qué aspectos lo conoces y en cuáles no? ¿Es Jesús tu Salvador y Señor? Si no lo es, esta es una oportunidad perfecta, no la desaproveches. Allí donde estás, invita a Jesús a que sea Dios en tu vida. Reconócelo como Salvador y Señor, pídele que perdone tus pecados e invítalo a que camine junto a ti el resto de la jornada.

Ven y entra a mi vida, llena mi corazón. No más lágrimas, mentiras, cansado de eso yo estoy. Con un toque tuyo a mi vida, todo cambiará. Apresúrate a salvarme mi Señor, mi Salvador.

CAPÍTULO 10

Prefiero

Nace el cielo, nace el sol,
nace el aire, nace el corazón que no palpita
si le falta tu calor, que me enloquece, que me insita
a entregarle hoy mis sueños por su amor que es eterno,
aunque pasen fuertes vientos.

Hoy proclamo su grandeza,
solo vivo para él,
quiero y siento su presencia,
mi confianza está en él.
Aunque digan lo que digan, yo nunca me apartaré,
miro al cielo, miro al mundo, y prefiero estar con él.

Fue su sangre, fue su amor
la que de mi vida perdonó la maldad
ya no vivo yo, ahora vive él, en mí está la decisión
de entregarle lo que soy, dame el cielo, dame el sol, oh Dios.

Yo prefiero estar con Jesús...

Preferir es una palabra que vamos a encontrar en medio de nuestro camino cuando tengamos que tomar decisiones para nuestra vida. Encontré estos diferentes sinónimos de dicha palabra: elegir, escoger, querer, desear, anhelar, optar, y la que más me llamó la atención, la palabra amar. Interesante, ¿no

crees? Sin embargo, también quise ver algunos antónimos y encontré los siguientes: desconsiderar, despreciar, odiar, olvidar, posponer, rechazar y supeditar. Poco a poco, voy entendiendo más lo que realmente quise decir en esta canción. Preferir algo o a alguien significa considerar a una persona o cosa mejor, más adecuada o conveniente que otra.

Dios anhela que lo deseemos, que lo prefiramos solo y exclusivamente a él, y hay momentos en nuestra vida en que tendremos la oportunidad de elegirlo o tomar otro camino diferente y contrario a su voluntad.

Tuve la oportunidad de conocer a Jesús a muy corta edad. En ese entonces él me presentó un camino y precisé decidir si lo seguía y lo aceptaba o simplemente elegía seguir mi propia senda. En ese momento escogí seguirlo a él. Sé que así ha sucedido con la mayoría de nosotros, aunque algunos han optado por seguir sus huellas y otros le han dado la espalda y continuado sus vidas alejados de su Creador. No obstante, no se trata de escogerlo una vez y basta, sino de que cada día de nuestra vida afrontaremos circunstancias en las que tendremos que elegir entre él y nuestros deseos.

Permíteme darte un ejemplo muy especial de esto. Aparece en la Biblia y se encuentra en Génesis 39. La Palabra nos cuenta que el Señor estaba con José, quien era un hombre bendecido por Dios en todos los lugares a los que iba. Luego de ser vendido por sus hermanos a unos mercaderes ismaelitas, José fue entregado como esclavo para servir en la casa de Potifar, capitán de la guardia del faraón de Egipto. Era tal la bendición de Dios sobre él, que por su causa la propia casa de Potifar resultó prosperada. Al ganarse la confianza y el respeto de su amo, José fue nombrado asistente personal y administrador general de todo lo que tenía Potifar. Sin embargo, José era un joven apuesto y tenía muy buen físico, lo cual hizo que la esposa de Potifar pusiera sus ojos en él y lo deseara sexualmente. Día a día, este joven que caminaba con Dios debía enfrentar la persecución de una mujer atractiva, que lo asediaba para acostarse con él. En cierta ocasión, mientras José hacía su trabajo y se encontraba solo en la casa de su amo, aquella mujer se lanzó a los brazos del joven buscando una vez más alcanzar su objetivo de acostarse con él. Me imagino la escena. No creo que esta mujer saliera con ruana y botas a seducirlo, por el contrario, estaría casi desnuda, buscando los besos y las caricias de este guapo chico. Era una oportunidad perfecta para José, nadie estaba en casa y todo era propicio para quitarse a esa mujer de encima y de igual forma disfrutar de un tiempo íntimo con la esposa de su amo. José se encontraba en una disyuntiva, ante él se abrían dos caminos. Solo él podía tomar la decisión, solo él podía escoger entre dos cosas: (1) preferir amar, elegir, escoger, querer, desear, anhelar u optar por Dios, o (2) preferir amar, elegir, escoger, querer, desear, anhelar u optar por el pecado y los deseos de su carne. José prefirió la primera opción, así que salió corriendo y se alejó de aquel lugar, eligiendo seguir caminando con Dios. Imagínate si José hubiera escogido la opción dos. Habría despreciado, odiado, olvidado, pospuesto o rechazado caminar de la mano de Dios. Es posible que tu preferencia y decisión de seguir a Cristo no produzca los resultados que esperas en ese preciso momento, igual que le sucedió a José, pues aquella mujer, sintiéndose rechazada y despreciada, señaló y acusó a este joven íntegro de corazón de querer abusar de ella, de modo que fue acusado y llevado a la prisión por un delito que no cometió. A José su anhelo de Dios lo llevó a la cárcel. Puede que nuestra preferencia por Jesús cause rechazo, envidia, juicio, persecución o incluso hasta la muerte, como sucedió con sus discípulos, de los cuales ninguno murió de muerte natural.

Hoy proclamo su grandeza, solo vivo para él, quiero y siento su presencia, mi confianza está en él. Aunque digan lo que

digan, yo nunca me apartaré, miro al cielo, miro al mundo, y prefiero estar con él. Tarde o temprano, Dios recompensa a los que deciden por él, y las Escrituras dan infinitas pruebas de ello.

> Yo lo libraré, porque él se acoge a mí; lo protegeré, porque reconoce mi nombre (Salmo 91:14).

> Ahora bien, sabemos que Dios dispone todas las cosas para el bien de quienes lo aman, los que han sido llamados de acuerdo con su propósito (Romanos 8:28).

> Bendito el hombre que confía en el SEÑOR, y pone su confianza en él. Será como un árbol plantado junto al agua, que extiende sus raíces hacia la corriente; no teme que llegue el calor, y sus hojas están siempre verdes. En época de sequía no se angustia, y nunca deja de dar fruto (Jeremías 17:7-8).

Hacer lo correcto y preferir a Dios cuando te encuentras en una disyuntiva traerá su recompensa. En medio de la cárcel, José fue bendecido y llevado al trono, en frente del faraón. La gracia y el favor de Dios nunca se apartaron de este joven valiente y decidido. Al preferir amar y escoger a Dios, José fue honrado y levantado de una forma poderosa e inimaginable. Aquí te dejo el texto bíblico para que puedas leer lo que Dios hace cuando un hombre se decide por él.

> Así que el faraón le informó a José:
> —Mira, yo te pongo a cargo de todo el territorio de Egipto. De inmediato, el faraón se quitó el anillo oficial y se lo puso a José. Hizo que lo vistieran con ropas de lino fino, y que le pusieran un collar de oro en el cuello. Después lo invitó a subirse al carro reservado para el segundo en autoridad, y ordenó que gritaran: «¡Abran paso!» Fue así como el faraón puso a José al frente de todo el territorio de Egipto (Génesis 41:41-43).

CAPÍTULO 11

La fruta prohibida

Sales al mundo a averiguar,
encuentras tus amigos, alguien más,
pronto la carrera va a empezar,
te olvidas de las reglas de papá.

Piensas que nada irá a pasar,
a tu meta quieres llegar,
sales corriendo, quieres volar,
cuidado, maestro, no caigas mal.

Sales por la calle queriendo ser el primero,
la avaricia te seduce, el orgullo te domina.
Entras a la disco, ves que alguien te seduce,
una mirada, una palabra, pronto estás en la cama.
Una copa de tequila, una copa de champaña,
vez que todo te da vueltas, crees que tú no vales nada.
Poco a poco vas cayendo, las drogas te enloquecen.
La fruta prohibida.

Tarde o temprano esto iría a pasar,
camino fácil lleva a maldad,
hay una senda que te llevará,
un poco estrecha esa es la verdad.

El mundo te da la espalda, ves caer la lluvia sobre

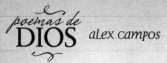
la ventana,
una lágrima en tu cara, una voz que te acusa,
ya no vales nada.

Pero hay alguien que te ama, que trae el sol a tu ventana,
que con sus manos seca las lágrimas de tu cara,
que con sus brazos te levanta de la nada.

Existen varias anécdotas muy especiales relacionadas con esta canción. Ella nació cuando escuché la historia de un joven que era hijo de un pastor, un chico que desde muy pequeño creció en la iglesia y veía de lejos un mundo ajeno, el que años más tarde quiso conocer y ver de cerca. Poco a poco se dejó seducir y decidió que solo por una ocasión probaría el pecado, así que se internó en la noche oscura, donde se embriagó y terminó en la habitación de un sucio motel, con una mujer a la cual no conocía y con la que tendría relaciones sexuales por primera vez. Después de vivir su gran noche de locura, a la mañana siguiente se levantó y comprobó que estaba solo. No podía casi recordar lo que había sucedido la noche anterior, pero de pronto observó desde la cama un mensaje escrito con lápiz labial en el espejo del baño. Se levantó y caminó lentamente hacia aquel espejo, cuando llegó, pudo leer una frase que decía: *Bienvenido al mundo del SIDA.* Tiempo después, este joven curioso falleció.

Hay un refrán que dice: «La curiosidad mató al gato». Del mismo modo, la curiosidad mató a este joven que solo quería probar una vez. En cierta ocasión escuché a alguien decir: «¡Si el pecado fuera algo muy feo, nadie pecaría!». Sin embargo, el pecado es algo que le gusta a nuestra carne. Mientras más prohibida sea una cosa, mayor atracción produce. ¿Por qué nos sentimos atraídos tan fácilmente por los deseos de la carne? ¿Por qué somos tan débiles cuando se presenta la tentación? La respuesta es simple: porque quitamos la mirada de Dios, porque perdemos nuestro enfoque en él. Resulta muy fácil ceder a los deseos de la carne cuando nuestra mirada se distrae. Poco a poco, sin darnos cuenta, cedemos terreno y hacemos el mal que no queremos, en lugar del bien que anhelamos. Jesús nos exhorta a velar y orar para que no caigamos en tentación. ¡Es tan cierta esta palabra! Cuando apartamos nuestros ojos del Señor, cuando dejamos de adorarlo, cuando dejamos de escuchar su voz y orar, caemos fácilmente en la seducción sutil de nuestros fantasmas y deseos. ¿Hacia dónde estás mirando? ¿Cuál es tu enfoque? ¿Es Dios tu principal anhelo? Consideremos por un momento la vida de Lot. Este hombre era sobrino de Abraham y decidió permanecer al lado de su tío, cumpliéndose el refrán que dice: «El que a buen árbol se arrima, buena sombra lo cobija». Cuando Lot decidió caminar al lado de Abraham, su vida resultó bendecida en gran manera, y fue tanta la bendición sobre él que un día resultó necesario que se separaran, pues ya no había suficiente espacio para ambos. Dándole Abraham a escoger a Lot el lugar que él prefiriera, este escogió la mejor tierra, el fértil valle del Jordán, muy cerca de la ciudad de Sodoma. Los hombres de esta ciudad eran malos y pecadores, pero aun así Lot poco a poco se fue acercando más, hasta que finalmente terminó viviendo en medio de ella. Nunca tuvo en cuenta las terribles consecuencias que esto podría tener sobre su familia. Resulta increíble comprobar que no siempre escoger lo mejor es lo más conveniente para nosotros en nuestro caminar. Lot escogió la tierra mejor y más fértil, pero a costa de vivir cerca y después en medio de personas perversas y corruptas.

Las consecuencias fueron catastróficas. Sucedieron cosas que ni en sus peores sueños Lot hubiera podido imaginar. Es imposible vivir en medio del pecado y que este no te afecte o contamine. Hay un dicho que dice: «Dime con quién andas y te diré quién eres». Si andas entre la miel, algo se te va a untar. Muchas veces hemos contemplado el pecado de lejos y sin darnos cuenta terminamos viviendo en medio de él. He escuchado acerca de personas que han iniciado una relación de noviazgo con alguien que no amaba a Dios de la misma manera, pero seguras de que podían convencer a su pareja de que compartiera su misma pasión por el Señor. Sin embargo, terminaron alejándose de lo que un día fue su llamado y su amor por Dios. No se trata de que uno caiga en el pecado en un instante, como quien cae en un hueco en medio de la calle. No. De forma habitual sucede lo que le ocurrió a Lot: enfocamos nuestra mirada en dirección a lo malo, contemplado de lejos lo que poco a poco se convierte en lo que terminamos haciendo.

Tarde o temprano esto iría a pasar, camino fácil lleva a maldad. Es inevitable perder nuestro andar por el buen camino cuando apartamos la mirada del Señor y vamos en dirección contraria a lo que Dios desea para nuestras vidas.

Lot perdió a su esposa, quien murió cuando escapaban de Sodoma. En medio de una borrachera, cometió incesto con sus hijas, dejándolas embarazadas y llegando a ser así el padre de Moab y Ben-ammi, de quienes descendieron los moabitas y los amonitas, ambos enemigos de los israelitas.

¿Dónde está puesta tu mirada? ¿Tus anhelos y sueños ponen en riesgo tu nivel de compromiso con Dios? No permitas que una semilla de curiosidad se convierta en tu fruta prohibida.

CAPÍTULO 12

No tiene prisa

Voy caminando y me atrevo a creer,
que sin saberlo yo creía conocer.
Seguí sus pasos como un barco de papel,
fui naufragando sin siquiera entender
su amor, su amor... en mí.

Te aparté y con mis fuerzas yo luché,
a la distancia se hundía mi querer.
Ayer te vi y hoy no sé si estás aquí,
qué necio fui y qué poco entendí
tu amor, tu amor... en mí.

Es tu amor el que sigue hoy aquí,
sin darme cuenta fui yo quien me escondí.
Te alejé y con ello entendí
que tu amor no se ha ido, sigue allí.

Voy caminando, paso a paso seguiré,
cuando me canse a tus brazos llegaré.
Me confundo, sé que solo moriré,
por eso vengo a rendirme otra vez
a tu amor, tu amor... en mí.

Es tu amor quien me levanta,
que me atrapa y no me suelta,
que me alivia y me libera.

Es que tu amor no trae condena,
no señala ni olvida que por mí entregó su vida,
que soy yo aquella oveja que buscó a toda prisa,
me encontró con su sonrisa, me abrazó con sus caricias.

Es que tu amor me enmudece y me agita,
es mi lámpara encendida, es mi fuego y no ceniza.
Tu amor no tiene prisa.

Me encontraba en Venezuela en medio de una gira de conciertos, agotado y con el tanque casi vacío. Estaba sobreviviendo en mi vida espiritual con las pocas migajas que me proporcionaba una vida de oración moribunda debido a los pocos minutos libres que me dejaba esta extensa gira, la cual abarcaba más de veintisiete países. Mi vida consistía en dormir en los aviones luego de lo cansado que quedábamos de los conciertos; cumplir mis compromisos de trabajo como reuniones, entrevistas, predicaciones y nuevos proyectos; y tomar un descanso de poco tiempo en casa a fin de recuperarme para el próximo viaje, mientras que a la vez atendía mis obligaciones como esposo y padre. Literalmente, me sentía agotado, pero no dejaba de trabajar, sino que cada vez me comprometía a más. Creía que por estar sirviendo a Dios a tiempo completo todo se encontraba bien. Mis ocupaciones me proporcionaban pocas oportunidades para tener una vida devocional sana, pero pensaba que al estar viviendo noche tras noche en la presencia de Dios en medio de los eventos, esto me daba un aval para continuar sin apartar un tiempo a fin de detenerme y contemplar su hermosura y santidad en una intimidad secreta.

De alguna forma necesitaba hacer un alto en medio del camino y darme cuenta que mi tanque espiritual no iba a durar demasiado si continuaba viviendo a ese ritmo. Allí me encontraba, casi acostado en las sillas de aquel aeropuerto, esperando que llegaran las maletas para salir rápidamente a un compromiso más. De repente, alguien que venía en el mismo avión se me acercó y empezó a hablarme. Se trataba de una mujer que muy entusiasmada comenzó a contarme acerca de todas las veces que me había escuchado. Mi cansancio era tan grande que en ese momento no deseaba entablar una conversación con nadie, así que la escuchaba pensando que se marcharía rápidamente. Sin embargo, después de unos minutos, aquella mujer cambió un poco su tono de voz y se puso más seria, mientras me decía que no era coincidencia que estuviera en ese mismo avión conmigo, ya que aunque le parecía asombroso, unos días atrás Dios le había dado una palabra para mí. Con apatía y no mucho interés continué escuchándola mientras resaltaba mi esmero por hacer un buen trabajo, mi pasión por llegar a los perdidos, mi arduo esfuerzo por difundir la Palabra y otras cosas que al ser un salmista conocido es común escuchar de una fan. Sin embargo, al final de sus palabras y mirándome con tristeza, aquella mujer me dijo: «Has hecho todo esto bien, pero has perdido tu primer amor, ya no eres el mismo de antes». Me molesté bastante, así que tratando de ser respetuoso con ella le di las gracias y corté rápidamente la conversación. ¿Cómo era posible que esta mujer que no me conocía me hablara de esa manera? Me sentí molesto, ya que me parecía un atrevimiento que ella se me acercara para decirme tal desfachatez. Me quejé con mis compañeros, llamé a casa, y seguía quejándome por ese momento tan desagradable que había tenido.

Traté de olvidar y sacar de mi mente a aquella mujer atrevida, pero no lo conseguía. Durante los días siguientes, cada mañana lo primero que venía a mi pensamiento era ella y sus duras palabras, en particular la frase que más me había incomodado: *¡Perdiste tu primer amor!* ¿Por qué no podía olvidar todo ese episodio? Después de unos días, me encontraba hojeando mi Biblia sin tener algo específico en mente para leer, cuando de pronto me topé con Apocalipsis 2:

Escribe al ángel de la iglesia de Éfeso: Esto dice el que tiene las siete estrellas en su mano derecha y se pasea en medio de los siete candelabros de oro: Conozco tus obras, tu duro trabajo y tu perseverancia. Sé que no puedes soportar a los malvados, y que has puesto a prueba a los que dicen ser apóstoles pero no lo son; y has descubierto que son falsos. Has perseverado y sufrido por mi nombre, sin desanimarte. Sin embargo, tengo en tu contra que has abandonado tu primer amor. ¡Recuerda de dónde has caído! Arrepiéntete y vuelve a practicar las obras que hacías al principio. Si no te arrepientes, iré y quitaré de su lugar tu candelabro. Pero tienes a tu favor que aborreces las prácticas de los nicolaítas, las cuales yo también aborrezco. El que tenga oídos, que oiga lo que el Espíritu dice a las iglesias. Al que salga vencedor le daré derecho a comer del árbol de la vida, que está en el paraíso de Dios (vv. 1-7).

Después de leer esto, me quedé sin palabras, no podía creer que realmente esta escritura fuera para mí. ¿Cómo, en qué momento había perdido mi primer amor? No, no podía ser posible. Poco a poco permití que las palabras y el amor del Espíritu Santo entraran en mi duro corazón. En medio de las lágrimas y sumido en una profunda tristeza, me di cuenta de que era verdad, había perdido lo más importante en mi vida, mi comunión y me relación íntima con Dios. Mi vida se había convertido más en un ruido que en un sonido cálido para él. Era un religioso más, que con su buena voz y buenas obras creía estar haciendo lo correcto y agradando a Dios con su vida.

El primer paso para entender que me encontraba lejos de Dios fue reconocer que no estaba haciendo las cosas de la manera correcta. Esto es algo difícil de aceptar, y más cuando formas parte de un ministerio como el que vengo desarrollando. Sin embargo, tuve que aprender con humildad a hacer a un lado mis dones y mi talento, a despojarme de mis títulos y mi posición, para que nada pudiera estorbar o disminuir mi relación y mi caminar con Dios.

Hoy en día todo atenta en contra de nuestra devoción a nuestro Padre, incluso nuestro llamado y ministerio tienden a ser más importante que aquel a quien servimos. Como escuché en un mensaje, nos convertimos en adoradores de la adoración y el servicio a Dios, y dejamos de ser adoradores en espíritu y en verdad.

Mi deseo es que medites en este pequeño testimonio y te preguntes cómo está tu relación con Dios. Dedica unos minutos a escuchar la voz del Espíritu Santo, a fin de que te pueda mostrar y revelar la realidad de tu vida con el Señor. Es muy fácil que en medio de nuestro servicio afanoso perdamos nuestro enfoque y nuestra mirada se nuble, dejándolo de ver a él con claridad en primer lugar.

El amor de Dios nos levanta y sostiene, nos atrae y da libertad. El objetivo de Dios nunca es condenarte, todo lo contrario, si te señala es para decirte: «Ven a mis brazos llenos de perdón y restauración». Esa es la característica de su amor. Dios quiere convertirse en una lámpara encendida en nuestra vida y que dejemos de ser cenizas que son arrastradas por el viento, sin rumbo y sin destino.

Corro a ti

Grito, lloro y duermo, corro como el viento,
salto a tu encuentro, cuando sé que estás aquí.

Eres las cosquillas que hacen mi risa,
la mejor sorpresa cuando estoy cerca de ti.

Hoy corro a ti, me escondo en ti,
me abrazan tus caricias,
me envuelvo entre tu risa.
Hoy corro a ti, me escondo en ti,
no le temo al invierno si tú eres mi verano.

Me da tanto miedo, tiemblo como el hielo,
cuando pasa el tiempo y no juegas junto a mí.

Los juguetes tristes, junto a mí esperan,
escuchar la hora que me dice, estás aquí.

Cuéntame la historia,
dormiré al momento,
y en tus brazos soñaré.

Una de las relaciones más grande que establecemos como
seres humanos es la que tiene lugar entre padres e hijos. Dios
nos ha dado algo tan poderoso y sobrenatural con esta clase

de relación que podemos ser los causantes de una vida hermosa o, por el contrario, de una vida triste y fea.

Correr a los brazos de mi papá siempre fue algo que soñé y anhelé con todo mi corazón. Vivía a diario esperando el regreso de mi padre para sentir sus brazos y palabras llenas de amor. Tristemente un día me quedé esperando y ese abrazo nunca más llegó. Así que siempre imaginaba que mi padre regresaba a casa y yo corría a sus brazos, jugando con él mientas recibía su cariño y sus palabras de amor. Poder correr a lo brazos de un papá se convirtió en algo muy importante para mí. Sin embargo, Dios llenó mi vida de una forma tan maravillosa que resultó increíble sentir sus brazos rodeando mi ser, experimentar su amor como Padre en mi vida. Este fue el primer aspecto que conocí de Dios, y eso me llevó a tener una relación muy personal y especial con quien hoy es mi Señor y Salvador. Dios satisfizo el anhelo de aquel abrazo de un papá de una forma muy especial en mi vida.

Cuando escribí esta canción, me imaginaba corriendo a sus brazos, deseando el momento de encontrarme con él en medio de la adoración. Escuchar su voz que poco a poco ha apaciguado mi anhelo es lo más importante para mi vida, lo que me mantiene de pie y me hace respirar aire puro; es lo que me da la inspiración, la fuerza, la energía.

Ahora que soy padre, esta figura y esta imagen se tornan más importantes y pasan a ser una realidad mayor en mi vida. Cada vez que viajo y regreso a casa, o que mis hijos vuelven del colegio, experimento uno de los momentos más tiernos y especiales que como ser humano pueda sentir al ver correr a mis hijos hacia mí gritando: «Papá, papá», haciéndoles conocer a todos los vecinos con sus gritos acerca de su amor y su anhelo de estar en mis brazos. Es algo que amo y disfruto cada día. Observo cómo levantan sus pequeños brazos con

una sonrisa y escucho sus voces diciéndome: «Álzame, papá.
Te amo, papá. Me hiciste falta. Te extrañé». ¡Vaya! ¿Qué puedo decir? No lo cambio por nada. Se trata de nuestro momento, un encuentro en el que nos amamos mutuamente
y nos reafirmamos de una forma natural nuestro amor y la
necesidad de estar siempre juntos. ¡Qué experiencia más especial puedo vivir como padre cada día!

*Eres las cosquillas que hacen mi risa, la mejor sorpresa cuan-
do estoy cerca de ti.* Dios es mi alegría y mi gozo. Él es quien
hace mi risa. No hay deseo que pueda tener que sea más
grande que disfrutar de su presencia y estar en sus brazos.
La mejor sorpresa que hoy puedo darles a mis hijos es decir-
les que no voy a viajar, sino que permaneceré cerca de ellos.
Recuerdo que hace poco le dije a mi pequeña Juannita que
al día siguiente tendría que salir de viaje y no estaría en casa.
Ella puso una cara no muy alegre, así que de inmediato, para
tratar de que se sintiera mejor, le dije: «Mi amor, pero papá
te va a traer una sorpresa». Ella, sin pensarlo un instante, me
respondió aun a media lengua: «No, papá, yo no quiero más
regalos ni sorpresas. Te quiero a ti». Mis ojos se aguaron y mi
voz se quebró al escuchar la tierna voz de mi hija diciéndome que me prefería a mí más que a los regalos y detalles. Mi
presencia y mis acciones con ellos resultan tan importantes
y esenciales para mis hijos, que no dudan por un instante en
renunciar a sus deseos a cambio de estar en los brazos de
papá. ¡Qué increíble verdad! Ahora, cada vez que tengo que
salir de casa, no hallo la hora de regresar y vivir ese momento
único que tengo con mis hijos.

Dios anhela que mostremos una pasión así y aun mayor por
su presencia, que lo deseemos más que a cualquier regalo,
que lo anhelemos más que a cualquier milagro, que lo prefiramos más a él que a cualquier cosa que pueda llamar nuestra atención. Por desdicha, no somos así, buscamos a Dios

solo por el regalo y la sorpresa, no porque lo prefiramos a él. Si Dios nos dijera: «Bueno, te voy a dejar, pero pide un deseo, una sorpresa... ¡y yo te la voy a dar!», creo que muchos pediríamos a gritos que nos trajeran muchas cosas, que nos concedieran muchas sorpresas: la sanidad, un mejor puesto en el trabajo, una promoción en la empresa, casarnos con la mujer de nuestros sueños, la oportunidad de viajar, una mejor situación económica... y un sinfín de peticiones. Por amor a mis hijos, siempre les traigo lo que sé que ellos necesitan, aun sin que me lo pidan, pero deseo más que me digan: «¡Te preferimos a ti, papá!». Dios anhela en su corazón que lo amemos y prefiramos por encima de todos nuestros sueños y deseos.

La Biblia declara: «Los ojos del Señor están sobre los justos, y sus oídos, atentos a sus oraciones» (1 Pedro 3:12). Dios conoce nuestros anhelos, él sabe perfectamente lo que tú y yo necesitamos, así que te aseguro que cada una de tus peticiones y deseos ya están en los planes de Dios. Sin embargo, él prefiere, anhela y ama que permanezcamos en su presencia más que cualquier otra cosa.

Hoy corro a ti, me escondo en ti, no le temo al invierno si tú eres mi verano. No hay mejor lugar en medio de los inviernos espirituales que refugiarnos en Dios. La Palabra nos asegura: «El que habita al abrigo del Altísimo se acoge a la sombra del Todopoderoso» (Salmo 91:1). He notado que muchas personas mantienen en sus casas una Biblia abierta en este versículo todos los días, como una señal de que esa palabra cobrará vida y la protección de Dios estará sobre su hogar. Sin embargo, no es el hecho de tener abierta la Biblia en ese u otro verso lo que nos trae la protección. Lo que nos protege y nos brinda abrigo y calor en medio de las tormentas es que corramos a sus brazos, que nos postremos delante de él y nos refugiemos bajo sus alas. A todo el que se encuentra allí, la

sombra, la protección, la provisión y el amor de Dios lo co-
bijarán cada día de su vida, las veinticuatro horas del día, los
siete días de la semana.

> Así que no temas, porque yo estoy contigo; no te angus-
> ties, porque yo soy tu Dios. Te fortaleceré y te ayudaré; te
> sostendré con mi diestra victoriosa (Isaías 41:10).

> No temerás el terror de la noche, ni la flecha que vuela
> de día, ni la peste que acecha en las sombras ni la plaga
> que destruye a mediodía. Podrán caer mil a tu izquierda, y
> diez mil a tu derecha, pero a ti no te afectará. No tendrás
> más que abrir bien los ojos, para ver a los impíos recibir
> su merecido. Ya que has puesto al Señor por tu refugio,
> al Altísimo por tu protección (Salmo 91:5-9).

Cuando estoy en los brazos de papá Dios, no tengo miedo,
me siento indestructible. Es en ese momento que puedo decir: «¿A quién temeré?». Ese es el lugar más seguro, donde
no solo encuentro protección, sino escucho su voz que me
ama y me dice: «Te fortaleceré y te ayudaré con mi diestra
victoriosa».

Mis hijos se sienten seguros en mis brazos, es allí donde
mientras les canto o solo los consiento, ellos encuentran seguridad para quedarse dormidos, sin pensar que algo malo
les podría suceder.

Hoy te invito a que corras a sus brazos, te sientes en su regazo, y deposites tu confianza y tus sueños en él. Descansa
en Dios.

capítulo 14

Pinta el mundo

Hoy el día empezó,
y aunque el sol no apareció,
te seguiré amando.
Y si hoy se me olvidó de las flores el color,
del perfume su olor,
saca un lápiz de color, pinta sobre aquel manchón
la esperanza y el perdón.
Pinta el frío de marrón,
ponle rojo al corazón, ponle blanco al rencor.

Cuando el cielo esté nublado, saca aquel borrador,
borra toda amargura, pinta el mundo de color.
De la vida se aprende del dibujo el tachón,
de las flores su aroma, del perfume su olor,
de los niños su inocencia, del anciano su valor.

Ponle alas a la vida, pon agua en aquel jarrón,
tú eres aquella flor.
Eres agua que se agita,
eres letra en poesía,
eres el verbo de Dios.
Mira bien en el espejo, su amor, aquel reflejo,
no creas que fue un error.

Cuando el día se termine y se baje el telón,

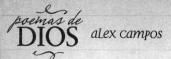

la función ya terminó.
La noche se hace fría, la fuerza en ti agoniza,
la luna ya se ocultó.
Pinta aquella poesía, dale al cielo una sonrisa,
ponle alas al colchón.

En nuestro caminar existen días buenos y no tan buenos. Días alegres y días tristes, días donde nacen seres queridos y días donde parten aquellos que amamos. Hay días en los que queremos conquistar el mundo, y otros en los que deseamos tirar la toalla y renunciar. El mundo cambia y está en constante movimiento, y en medio de esos cambios pareciera que nosotros mismos también cambiamos a medida que todo varía. Sin embargo, hay algo que permanece firme, que es una roca sólida sobre la cual podemos cimentar nuestra vida: Jesús. Él permanece fiel, no varía, no cambia de opinión, se mantiene inmutable.

Nuestra vida es como un lienzo en blanco en el que cada día vamos pintando nuestros momentos y poco a poco creamos la imagen de lo que vivimos. Se trata de una pintura que solo terminarás el último día de tu vida, de aquella pintura que le vas a presentar a Dios cuando mueras, la cual contiene lo que día a día has plasmado con o sin conciencia. Al final de tu vida la verá aquel que te dio la capacidad, las herramientas, los elementos, el carácter, los talentos, los dones, su presencia, su Palabra y lo más importante de todo, el Espíritu Santo. Si utilizamos bien estos elementos, podremos hacer de nuestra vida una bella pintura invaluable, o por el contrario, dejaremos una mancha en el papel que nunca plasmó la vida que el Creador anheló que viviéramos.

Vi una película maravillosa titulada *La vida es bella*, la cual me inspiró a la hora componer la letra de esta canción. La misma narra la historia de un matrimonio y su hijo, los cuales con la llegada de la guerra son internados en un campo de concentración. Sin embargo, en medio del caos, la muerte, el hambre y el dolor, este hombre le hace creer a su hijo que la terrible situación que están padeciendo es tan solo un juego, y que la vida es hermosa y merece la pena vivir.

La Palabra del Señor afirma: «¡Levántate y resplandece, que tu luz ha llegado! ¡La gloria del Señor brilla sobre ti! Mira, las tinieblas cubren la tierra, y una densa oscuridad se cierne sobre los pueblos. Pero la aurora del Señor brillará sobre ti; ¡sobre ti se manifestará su gloria! Las naciones serán guiadas por tu luz, y los reyes, por tu amanecer esplendoroso» (Isaías 60:1-3).

El Señor es nuestra gloria, nuestra luz. Él ha cambiado nuestro llanto en risa. Él transformó nuestro lamento en un baile eterno. No podemos andar por la vida con la cara triste y lamentándonos. Las tinieblas podrán cubrir la tierra y la humanidad experimentar muchos sufrimientos en estos días, pero la aurora del Señor brilla sobre ti y manifestarás su gloria. El mundo necesita que tú y yo marquemos la diferencia, que nuestra sonrisa caracterice nuestro rostro, que la amabilidad y la gracia formen parte de nuestro diario vivir.

Gran remedio es el corazón alegre, pero el ánimo decaído seca los huesos (Proverbios 17:22).

Levántate, reacciona, es tiempo de cambiar nuestras caras y mostrar a Jesús a través de nuestros rostros. Un rasgo distintivo de aquellos que conocen a Dios y han puesto su fe en él es que aunque estén atravesando un momento difícil, dan gracias, ponen buena cara y siguen adelante, conociendo que Dios tiene el control a pesar de que no entiendan lo que está sucediendo.

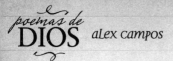
Ponle alas a la vida, pon agua en aquel jarrón. ¡Vamos! Es tiempo de volar alto, a eso nos ha llamado Dios, a remontarnos por encima de las adversidades, a ser como las águilas.

> Pero los que confían en el SEÑOR renovarán sus fuerzas; volarán como las águilas: correrán y no se fatigarán, caminarán y no se cansarán (Isaías 40:31).

Es tiempo de cambiar el agua de nuestros jarrones. Deja que el Espíritu Santo renueve tu vida para que día a día puedas crecer y andar un poco más. No importa si lo haces despacio, pero avanza; no des un paso atrás ni siquiera para tomar impulso. Permite que en tu vida corran siempre ríos de agua viva. No te conviertas en un pozo de aguas estancadas, que al pasar el tiempo se pudre y huele mal. Tú y yo somos agua que se agita, somos letra en poesía, somos el verbo de Dios.

Mira bien en el espejo, su amor, aquel reflejo, no creas que fue un error. Cuando te mires al espejo, recuerda que eres hijo de Dios, la niña de sus ojos, algo de mucho valor para él. Somos tan importantes para Dios que envió a su Hijo a pagar nuestra deuda. No eres un error, no eres una consecuencia del pecado, no eres un desliz de tus padres. No, antes de que fuéramos gestados por nuestros padres, ya estábamos en los pensamientos de Dios.

> La palabra del SEÑOR vino a mí: «Antes de formarte en el vientre, ya te había elegido; antes de que nacieras, ya te había apartado; te había nombrado profeta para las naciones» (Jeremías 1:4-5).

Ponle alas al colchón, no lleves a tu cama preocupaciones, ira, amargura y dolor, pues podemos descansar en medio de su presencia aun en nuestro lecho. Haz a un lado todo aquello que no te deja dormir, que te impide encontrar la paz de Dios, que hace que tu alabanza y adoración continuas se vean interrumpidas. En eso consiste ser adoradores las veinticuatro horas del día. Aun cuando duermes, recuerda la letra de esta hermosa canción: «Es hermoso estar dormido con el corazón despierto, es tan agradable verte y tan dulce escuchar». Sí, algo bello ocurre cuando incluso en tus sueños le permites a Dios hablarle a tu vida.

Si se enojan, no pequen; en la quietud del descanso nocturno examínense el corazón. Ofrezcan sacrificios de justicia y confíen en el Señor. Muchos son los que dicen: «¿Quién puede mostrarnos algún bien?» ¡Haz, Señor, que sobre nosotros brille la luz de tu rostro! Tú has hecho que mi corazón rebose de alegría, alegría mayor que la que tienen los que disfrutan de trigo y vino en abundancia. En paz me acuesto y me duermo, porque sólo tú, Señor, me haces vivir confiado (Salmo 4:4-8).

capítulo 15

Sueño de morir

Estando cerca del momento, allí te conocí,
miro tu rostro y tu silencio sabré aprender de ti,
tu cuerpo lento y maltratado, el mundo te golpeó,
sangre y lágrimas mezcladas, fue tu sueño de morir.

El cielo anuncia el momento que marcará el fin,
la lluvia moja el sufrimiento, el cielo llora el gemir,
el Padre ve morir su Hijo, ve a su niño allí partir,
el día se convierte en luto, fue tu sueño de morir.

Sangre y silencio fue el precio, fue el costo de mi vivir,
no sabré cómo agradecerte, yo mi vida daré a ti.
En todo tiempo seré tuyo, una ofrenda, me entrego a ti.
Tu sueño hoy se hizo vida, tu sueño de morir.

Aunque no entienda el silencio al dar tu vida por mí,
ayúdame a pagar el precio, quiero ser digno de ti.
Tú que estás allí en el cielo, ayúdame a vivir.
Tú que pagaste por mi deuda, que tu sueño viva en mí.
¡Que tu sueño viva en mí!

Tu sueño vive en mí...

Hay un día que es el más importante para la humanidad,
aquel que divide la historia en dos, en el cual nuestra vida

resultó redimida y dejamos de ser esclavos de la muerte. Ese fue el día cuando el cielo lloró y el universo entero se vistió de luto, el día en que la muerte del Hijo de Dios se convirtió en una realidad, algo que el mundo jamás olvidará.

Recuerdo la ocasión en que me encontraba viendo la película *La pasión de Cristo*. Fue tanto lo que experimenté en ese momento que no pude más y caí de rodillas en aquel teatro, mientras las lágrimas corrían por mi rostro y el dolor en mi corazón hacía que todo mi ser clamara a una sola voz: «Perdóname, perdóname, perdóname». Aquella película trató de reflejar las circunstancias de lo que Jesús había vivido durante esos momentos, pero creo que aunque la gente se sorprendió por su nivel de crueldad, la realidad fue aun más dolorosa, violenta y humillante.

> Muchos se asombraron de él, pues tenía desfigurado el semblante; ¡nada de humano tenía su aspecto! (Isaías 52:14).

Ciertamente él cargó con nuestras enfermedades y soportó nuestros dolores, pero nosotros lo consideramos herido, golpeado por Dios, y humillado. Él fue traspasado por nuestras rebeliones, y molido por nuestras iniquidades; sobre él recayó el castigo, precio de nuestra paz, y gracias a sus heridas fuimos sanados. Todos andábamos perdidos, como ovejas; cada uno seguía su propio camino, pero el SEÑOR hizo recaer sobre él la iniquidad de todos nosotros. Maltratado y humillado, ni siquiera abrió su boca; como cordero, fue llevado al matadero; como oveja, enmudeció ante su trasquilador; y ni siquiera abrió su boca. Después de aprehenderlo y juzgarlo, le dieron muerte; nadie se preocupó de su descendencia. Fue arrancado de la tierra de los vivientes, y golpeado por la transgresión de mi pueblo. Se le asignó un sepulcro con los malvados, y

murió entre los malhechores, aunque nunca cometió violencia alguna, ni hubo engaño en su boca (Isaías 53:4-9).

¿Quién nace con el objetivo principal de morir? Sería ilógico pensar que una persona, al saber que va ser padre, lo primero que piensa es en sacrificar a su hijo. O que al preguntarle a un niño qué quiere ser cuando sea grande, cuál es su sueño, que este responda: «Sueño con morir». Sin embargo, el objetivo central de Jesús al nacer, al venir a este mundo, fue morir. Él mantuvo durante treinta y tres años este sueño en su mente y su corazón, conociendo cuál era su propósito. Él sabía cómo iba a terminar todo, y por treinta y tres largos años caminó en obediencia hacia esa dolorosa y cruel muerte, caminó hacia la cruz.

Pensar en todo esto me lleva a meditar en un pensamiento que cada vez se torna mucho más valioso: *Si Jesús día a día vivió con el firme propósito de entregar todo por mí, ¿por qué me cuesta vivir cada día para él?* Medito en esto y veo que aunque Jesús sintió una gran angustia en Getsemaní por lo que sabía que le sobrevendría, nunca titubeó, sino se mantuvo firme en su objetivo. Increíble, ¿verdad? ¿Te imaginas que Jesús en el transcurso de esos treinta y tres años hubiera dicho que no quería morir? ¿O que en su adolescencia, una edad que se distingue en nuestra sociedad por ser la más difícil, la edad rebelde, se hubiera rehusado a cumplir con su propósito y dijera que no lo deseaba hacer? ¿Qué esperanza habríamos tenido? Tal vez estés pensando: *Bueno, Jesús era el Hijo de Dios, para él sería más fácil.* Sin embargo, te invito a que reflexiones en dos cosas: ¿Acaso tú y yo no somos también hijos de Dios? ¿No vivió Jesús como humano entre nosotros y se despojó de su divinidad?

Ustedes ya son hijos. Dios ha enviado a nuestros corazones el Espíritu de su Hijo, que clama: «*¡Abba!* ¡Padre!» Así que ya no eres esclavo sino hijo; y como eres hijo, Dios te ha hecho también heredero (Gálatas 4:6-8).

Siendo por naturaleza Dios, no consideró el ser igual a Dios como algo a qué aferrarse. Por el contrario, se rebajó voluntariamente, tomando la naturaleza de siervo y haciéndose semejante a los seres humanos. Y al manifestarse como hombre, se humilló a sí mismo y se hizo obediente hasta la muerte, ¡y muerte de cruz! (Filipenses 2:6-8).

Jesús vivió entre nosotros como un simple mortal, sintió dolor, abandono, traición, hambre, sed, se cansó y fue tentado. No obstante, la Biblia afirma que no hubo pecado en él y vivió una vida intachable.

Porque no tenemos un sumo sacerdote incapaz de compadecerse de nuestras debilidades, sino uno que ha sido tentado en todo de la misma manera que nosotros, aunque sin pecado (Hebreos 4:15).

Las Escrituras explican que fue tanto su sufrimiento, que caían gotas de sangre junto con su sudor, un padecimiento al que se le llama *hematidrosis*. Se trata de una respuesta fisiológica a una situación de estrés máximo y se ha descrito únicamente en personas que sabían con certeza que iban a morir en breve de manera dolorosa, como los condenados a muerte o en situaciones de guerra. ¡Qué firmeza y cuánto amor tuvo Jesús por nosotros! Y en medio de este cuadro de ansiedad y sufrimiento, pronunció las siguientes palabras: «Padre, si quieres, no me hagas beber este trago amargo; pero no se cumpla mi voluntad, sino la tuya».

Jesús no se quebró, decidió hacer la voluntad del Padre: morir. No se cumpla mi voluntad, sino la tuya. ¡Qué palabras tan difíciles de decir en medio de su agonía! Por eso Jesús

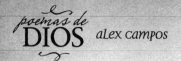

siempre será el héroe de la humanidad.

Sangre y silencio fue el precio, fue el costo de mi vivir, no sabré cómo agradecerte, yo mi vida daré a ti. En todo tiempo seré tuyo, una ofrenda, me entrego a ti. ¿Cómo poder agradecer tanto amor allí derramado? Me quedo sin palabras para expresar mi admiración y mi agradecimiento. Sangre y silencio fue el precio de mi salvación, mi esperanza, mi redención. Ante este nivel de entrega, lo único que puedo hacer es ofrecer mi vida entera. Los buenos pensamientos, las lindas canciones y las buenas obras nunca llegarán a pagar tal sacrificio. Jesús no ofreció solo una parte de él, lo entregó todo, hasta la última gota de sangre, y Dios espera que de la misma forma nosotros nos entreguemos por completo, sin reservas, sin excusas. Tristemente, tomamos la muerte de Jesús tan a la ligera que ofrecemos lo que nos sobra, lo que no nos cuesta mucho esfuerzo, lo que no compromete nuestros anhelos y sueños. Cuando tú y yo entendamos lo que en realidad sucedió aquel día en la cruz, no tendremos más excusas para no entregarnos voluntariamente por completo. De la misma manera que lo hizo Jesús, nuestra oración será: «No se haga mi voluntad, sino la tuya».

Tómate unos minutos, no le des vuelta a la hoja sin que medites en aquella obra magnífica que llevó a cabo Jesús por nosotros. Es tiempo de entregar cada parte de nuestra vida, amando a Dios con todo nuestro corazón, toda nuestra alma y toda nuestra mente.

CAPÍTULO 16

Eres mi sol

Me levanto en la mañana y siento su calor,
siento el aire y su silencio me hace respirar,
voy sonriendo mi lamento, el tiempo me enseñó,
que aunque el cielo esté nublado, el sol da su calor.

Tú eres mi sol, eres mi amor, mi pasión,
eres la lluvia que me moja, eres el aire que me abraza.

Miro en el espejo el reflejo de mi Dios,
soy su luna, soy su cielo, soy su creación,
de todo el universo entero, su hijo yo soy,
de todos los mortales, no hay un hombre como yo.

Tú eres mi sol, eres mi amor, mi pasión,
eres la lluvia que me moja, eres el aire que me abraza.

Para volar alto un polluelo tuvo que ser,
no hay eclipse sin la luna, no hay día sin sol.
Para ser gigante un niño tendré que ser,
no hay amor que sea eterno si no hay perdón.

Me encontraba en la ciudad de Santa Marta, en Colombia,
meditando y pensando en las cosas lindas que Dios nos regala
cada día. De repente, alcé la mirada al horizonte y observé uno

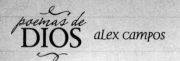

de los atardeceres más hermosos que había visto hasta entonces. Sentí la misma sensación de grandeza, poder y majestad que experimenté cuando conocí el océano por primera vez. No podía dejar de pensar en mi Dios. Si el sol era así de majestuoso y hermoso, ¿cuánto más lo sería aquel que lo creó todo? No sé el tiempo que pasé contemplando el hermoso cuadro que el Señor me regalaba, lo que sí recuerdo fue haber tomado mi guitarra e improvisar un canto nuevo como serenata a un Dios tan detallista como él.

Eres mi sol, eres mi amor, mi pasión... Día a día, Dios se ha convertido para mí en algo muy similar a lo que el sol es para la tierra. Básicamente, la tierra no tendría vida sin los rayos del sol, pues tanto las plantas, los animales y los humanos dependemos de esa energía, de esa luz y calor que el sol nos provee. Este increíble astro cada mañana nos llena de vida, nos anuncia el amanecer de un nuevo día, el cual trae nuevas fuerzas, una nueva esperanza. De una forma similar y aun mayor, Dios se convierte en el único y necesario rayo de vida para el hombre. ¿Cómo podremos vivir si él no está? ¿Cómo podremos seguir el camino correcto sin Dios a nuestro lado?

> Cual ciervo jadeante en busca del agua, así te busca, oh Dios, todo mi ser. Tengo sed de Dios, del Dios de la vida. ¿Cuándo podré presentarme ante Dios? (Salmo 42:1-2).

Así como el sol es el único proveedor de energía, luz, calor y vida para la tierra y todo lo que en ella hay, Jesús es el único proveedor de vida, salvación, restauración y guía para el hombre. La Biblia afirma que Jesús es el camino, la verdad y la vida, y que nadie llega al Padre sino exclusivamente por él. No se trata de una opción de camino, él es el camino. No se trata de una verdad, él es la verdad. Y Jesús es el único que puede concedernos la vida eterna. Podemos tener energía eléctrica, fabricar una luz artificial, pero nunca crear algo tan poderoso y sobrenatural como los rayos del sol. Podemos admirar a muchos hombres que han hecho cosas increíbles, podemos hacernos ídolos fácilmente de lo que vemos, pero nunca tendremos un Dios tan maravilloso y lleno de amor por nosotros, un amor demostrado en el hecho de que envió a su único Hijo a morir en nuestro lugar. Nada ni nadie podrá remplazar lo que Dios representa para cada uno de nosotros.

Dios es nuestro sol eterno, que nos provee de vida eterna. Nunca dudes de su presencia, pues prometió estar con nosotros hasta el fin del mundo (Mateo 28:18-20). Muchas veces me he levantado y el día está oscuro, lleno de nubes, con fuertes vientos mezclados con lluvias y truenos. Podríamos creer, y de hecho en ocasiones lo afirmamos, que el sol no salió, pero busca detrás de esas espesas nubes y hallarás al magnífico sol. Muchas veces he abordado un avión que ha tenido que despegar en medio de fuertes tormentas, y a medida que vamos ascendiendo, la turbulencia es más fuerte, de modo que uno creería que no debió tomar ese vuelo. Sin embargo, una vez que pasas al otro lado de las nubes, allí está el sol, imponente y majestuoso, brillando sobre toda esa tormenta. Nadie pensaría que por encima de la tempestad hay un cielo azul adornado por un brillante y caluroso sol. No, no lo pensamos, pues para nosotros el sol no salió ese día. Tal realidad ha hecho que cante: *Voy sonriendo mi lamento, el tiempo me enseñó, que aunque el cielo esté nublado, el sol da su calor.*

Existe un sol que está por encima de todas nuestras tormentas, problemas, angustias y enfermedades. Solo debes creer que él gobierna sobre todas las cosas. Nunca lo dudes, él está allí. Él es Rey de reyes y Señor de señores, nuestro majestuoso y poderoso Dios.

CAPÍTULO 17

Fiel

Debes saber, lo debes sentir,
que un minuto sin ti es una tormenta sin fin.

Debes soñar, debes creer,
que al final llegaré, contigo siempre yo estaré.

Son aquellos momentos que me hacen vivir,
y si tú me faltaras, moriría yo aquí.

Fiel, tú has sido fiel.
Aunque el mundo dé una vuelta atrás,
tu amor nunca se detendrá.

Fiel, tú has sido fiel.
No importa cuán lejos esté,
tu presencia siempre sentiré.

Fiel, tú has sido fiel...

Podrías pensar que esta canción fue escrita en medio del silencio y en un momento íntimo de adoración, mirando un bello paisaje y con una buena taza de café. En realidad, la gente me pregunta si tengo un lugar especial para escribir mis canciones. No obstante, por el contrario, la mayoría de mis composiciones han nacido en los lugares menos cómodos para escribir. En esta ocasión, recuerdo haber estado meditando en lo increíble y especial que es la fidelidad de Dios mientras me encontraba en un aeropuerto, esperando que mi maleta saliera por la banda de entrega. Mi equipaje se demoró un buen rato en salir, lo cual me ayudó a entonar en mi corazón esta canción sobre lo que más admiro de Dios, su fidelidad.

La fidelidad de Dios me ha llevado a estar convencido de que nada soy sin él. Su amor por mí es tan grande que no podría darle la espalda y ser indiferente a sus grandes bendiciones.

> Estoy convencido de esto: el que comenzó tan buena obra en ustedes la irá perfeccionando hasta el día de Cristo Jesús (Filipenses 1:6).

Dios no te dejará votado a mitad de camino, él terminará, completará, lo que comenzó en ti. Acabo de cumplir años, y día a día veo cómo Dios cumple sus promesas y va completando lo que inició cuando yo era tan solo un niño. Ahora bien, esto no quiere decir que no haya dudado algunas veces. Me he cansado y desanimado, pues han sido varios los momentos que he caminado por esos desiertos. Sin embargo, es allí cuando la fidelidad de Dios se hace más fuerte, más palpable, lo cual nos hace cantar: *Aunque el mundo dé una vuelta atrás, tu amor nunca se detendrá.*

Su fidelidad y amor avanzan contra viento y marea, y él nunca se cansa ni se rinde con respecto a nosotros. En realidad, hay un versículo bíblico que me impresiona mucho, porque evidencia que el amor de Dios se hace fuerte, sin importar cuán malos o duros nos queramos hacer. «Allí donde abundó el pecado, sobreabundó la gracia» (Romanos 5:20).

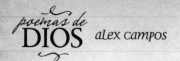

Nuestra mentalidad tan limitada, sumada al dedo acusador del enemigo, nos hace pensar que Dios tiene un límite para nuestras fallas y pecados. Son muchas las veces en que me siento sucio y pienso que no merezco su amor, que Dios ya no tiene más oportunidades para mí. Es entonces que él me muestra lo increíble de su naturaleza. Dios no puede dejar de amarnos, ya que él es amor. No puede dejar de ser fiel, ya que Dios es siempre fiel.

Si somos infieles, él sigue siendo fiel, ya que no puede negarse a sí mismo (2 Timoteo 2:13).

Dios no puede dejar de ser lo que es, y su esencia es ser fiel. Él es bueno en gran manera. *No importa cuán lejos esté, tu presencia siempre sentiré.* Dios estará en todo tiempo contigo, algunas veces lo vas a sentir de una forma increíblemente cerca, otras pensarás que no está a tu lado, sino que se ha ido lejos y con seguridad no escucha tus oraciones, pero yo te puedo decir que el Señor es fiel a su Palabra y sus promesas, y él prometió estar con nosotros cada día de nuestra vida. Aunque andes por valles de sombra y muerte, aunque haga frío o calor, aunque le des la espalda y niegues su gran amor, él permanecerá fiel.

Tu amor, Señor, llega hasta los cielos; tu fidelidad alcanza las nubes. Tu justicia es como las altas montañas; tus juicios, como el gran océano. Tú, Señor, cuidas de hombres y animales; ¡cuán precioso, oh Dios, es tu gran amor! Todo ser humano halla refugio a la sombra de tus alas (Salmo 36:5-7).

Pero entonces, si a algunos les faltó la fe, ¿acaso su falta de fe anula la fidelidad de Dios? ¡De ninguna manera! Dios es siempre veraz, aunque el hombre sea mentiroso (Romanos 3:3-4).

Esos momentos de fidelidad y amor, de misericordia inme-
recida, son los que permiten que siga hoy de pie. *Son aquellos momentos que me hacen vivir...* Mi anhelo es que con su
ayuda pueda día a día crecer en mi carácter y vivir una vida
en santidad, ya que por su obra él me llama santo. Deseo caminar en fidelidad como respuesta a su fidelidad, quiero que
él continúe guiando mis pasos, ser un reflejo de su amor para
otros. Quiero ser fiel a Dios.
Fiel, Dios ha sido fiel...

CAPÍTULO 18

El sonido del silencio

El sonido del silencio, el que no quiero escuchar,
es aquella noche fría la que quiero evitar,
el sentirme descubierto cuando el sol me quemará.

Para qué seguir riendo cuando siento que no estás,
para qué quiero los mares si mi barco se hundirá,
para qué seguir viviendo si a lo lejos tú estás.

Que las fuerzas se me agotan y el día está por comenzar,
fue otro día en silencio el que acaba de pasar,
pasa y pasan los minutos en mi oscura soledad,
soledad que se alimenta del silencio de tu boca,
esa boca que sonríe pronunciando así mi nombre,
aquel nombre que me diste diciendo que si mi amor,
es mi amor que en ti espera y que siempre esperará,
es tu amor que me condena a esta eterna libertad,
y aunque pasen mil silencios, pronto sé que me hablarás.

El sonido del silencio donde sé que escucharás,
el susurro de mi canto y el grito de mi llamar,
el llamado de mi alma pidiendo tu libertad.

Yo quiero seguir riendo aunque el llanto aquí está,
aunque el barco se me hunda, sé que yo podré nadar,
la corriente de este río a tu amor me llevará.

Tú eres mi fortaleza, mi escudo y mi lanza,
eres todo lo que tengo cuando siento que no estás,
eres tú mi compañía en esta oscura soledad,
soledad que se alimenta del silencio de tu boca,
esa boca que sonríe pronunciando así mi nombre,
aquel nombre que me diste diciendo que si mi amor,
es mi amor que en ti espera y que siempre esperará,
es tu amor que me condena a esta eterna libertad,
y aunque pasen mil silencios, pronto sé que me hablarás.

Vuelve, vuelve el momento de escucharte en tu silencio.

El silencio de Dios es algo que como cristianos vamos a experimentar no una, ni dos veces, sino muchas. Serán varios los momentos en que probablemente sintamos el sonido de su silencio y puede costar entenderlos sobre todo cuando nos sentimos en mayor necesidad. Entonces uno se pregunta por qué. ¿Por qué Dios calla si es vital escucharlo? ¿Por qué tengo que pasar por momentos dolorosos? ¿Cuál será el propósito de Dios para nosotros en este momento de nuestra vida? De lo que estamos seguros es de que Dios en su misericordia nunca dejará que seamos probados más allá de lo que podemos resistir.

Ustedes no han sufrido ninguna tentación que no sea común al género humano. Pero Dios es fiel, y no permitirá que ustedes sean tentados más allá de lo que puedan aguantar. Más bien, cuando llegue la tentación, él les dará también una salida a fin de que puedan resistir (1 Corintios 10:13).

Dios es fiel y cada cosa que sucede en nuestra vida, por mala o buena que sea, siempre va a tener un propósito especial cuando las ponemos en la perspectiva correcta. Algunas de las cosas más importantes que resultan de tales momentos son que crecemos en carácter y maduramos en nuestro caminar

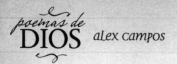

con Dios. Puede que a veces lo comprendamos y otras no queramos entender, tomando la ruta más difícil que nos lleva a murmurar, criticar y quejarnos de por qué Dios actúa así. Uno de los ejemplos más contundentes lo encontramos en el éxodo del pueblo de Israel, que tuvo que deambular durante cuarenta años por el desierto antes de llegar a la tierra prometida, una travesía que en realidad no hubiera tardado más de dos meses.

Cuando el faraón dejó salir a los israelitas, Dios no los llevó por el camino que atraviesa la tierra de los filisteos, que era el más corto, pues pensó: «Si se les presentara batalla, podrían cambiar de idea y regresar a Egipto.» Por eso les hizo dar un rodeo por el camino del desierto, en dirección al Mar Rojo (Éxodo 13:17-18).

El plan de Dios en un principio era conducirlos directo a la tierra que les había prometido. Sin embargo, él sabía que si los llevaba por el camino más corto, pero en el que tendrían que enfrentar algunos obstáculos, regresarían a su antigua vida de esclavitud, de modo que los condujo por un camino más largo. Fue allí, en ese peregrinaje, que Dios les reveló sus leyes y mandamientos, algo que ellos necesitaban saber y atesorar en sus corazones.

Cuando estábamos en Horeb, el SEÑOR nuestro Dios nos ordenó: «Ustedes han permanecido ya demasiado tiempo en este monte. Pónganse en marcha y diríjanse a la región montañosa de los amorreos y a todas las zonas vecinas: el Arabá, las montañas, las llanuras occidentales, el Néguev y la costa, hasta la tierra de los cananeos, el Líbano y el gran río, el Éufrates. Yo les he entregado esta tierra; ¡adelante, tomen posesión de ella!» El SEÑOR juró que se la daría a los antepasados de ustedes, es decir, a Abraham, Isaac y Jacob, y a sus descendientes (Deuteronomio 1:6-8).

Dios una vez más intenta llevarlos a la tierra prometida, alentarlos a retomar el camino hacia lo que ellos igualmente anhelaban. ¡Adelante, tomen posesión de la tierra! Ese era el plan de Dios. No obstante, los israelitas tuvieron miedo, así que mandaron a doce espías a inspeccionar el terreno, y sin confiar en la palabra de Dios, se atemorizaron al ver a los habitantes de aquella tierra, prefiriendo regresar a la esclavitud y su antigua vida en Egipto.

> Sin embargo, ustedes se negaron a subir y se rebelaron contra la orden del Señor su Dios. Se pusieron a murmurar en sus carpas y dijeron: «El Señor nos aborrece; nos hizo salir de Egipto para entregarnos a los amorreos y destruirnos» (Deuteronomio 1:26-27).

Nuestra desobediencia, rebeldía y falta de fe en Dios nos llevan a estar dando vueltas en nuestros desiertos. Dios nos ha dado en Jesús la provisión para ser vencedores en cada circunstancia que afrontamos. Él desea que tomemos y poseamos esa tierra tan especial que nos ha prometido y que tanto hemos buscado. Necesitamos caminar en fe y entender que no es con nuestras fuerzas que somos conquistadores, sino que es por medio de su fortaleza que podemos vencer a cada gigante que se nos presenta a las puertas de nuestro gran sueño.

Estando un domingo en mi iglesia, escuché a mi pastor, Andrés Corson, dar un mensaje llamado «Olivos en la casa de Dios». Fue allí, en ese momento, que nació esta canción que ha bendecido mi vida de una forma increíble.

> Pero yo soy como un olivo verde que florece en la casa de Dios; yo confío en el gran amor de Dios eternamente y para siempre (Salmo 52:8).

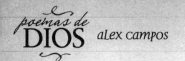

La pregunta que se formuló aquella mañana fue: «¿Cuántos de ustedes quieren ser como el olivo verde que florece en la casa de Dios?». Todos sin pensarlo gritamos a una voz: «¡Amén!». ¿Quién no desea estar en su presencia y aun más florecer y dar fruto? Cuando conoces a Jesús y ves sus múltiples bendiciones, anhelas estar con él, escuchar su voz, sentir su presencia, vivir sus promesas. Deseas cada día poder escuchar su voz para mantenerte firme en el llamado que Dios tiene para tu vida. Sin embargo, ¿por qué Dios puso el ejemplo de un olivo y no un escogió otro árbol? Es que el olivo tiene algunas características asombrosas.

1. El olivo demora cuarenta años en alcanzar la madurez.

Cada día todo es más instantáneo, de modo que resulta difícil cuando nos dicen que debemos esperar. Las relaciones de noviazgo se comienzan cada vez a más temprana edad, los estudios se comprimen para graduar a los profesionales más pronto, los alimentos se procesan con rapidez para así lograr una alta productividad en el mercado. No estamos acostumbrados a esa incómoda palabra: *esperar.*

A sus doce años, Jesús poseía un gran conocimiento y una gran sabiduría, habiendo sido encontrado por sus padres en el templo junto a los maestros de la Palabra. La gente se maravillaba de la sabiduría de este niño de tan solo doce años de edad, así que uno creería que estaba listo, que hubiera podido comenzar su ministerio mucho antes. Él era el Hijo de Dios, ¿qué le impedía entonces comenzar su increíble ministerio?

> Así que Jesús bajó con sus padres a Nazaret y vivió sujeto a ellos [...] Jesús siguió creciendo en sabiduría y estatura, y cada vez más gozaba del favor de Dios y de toda la gente (Lucas 2:51-52).

Sin embargo, Jesús esperó dieciocho años más para comenzar su obra. No fue sino hasta los treinta años que dio inicio a su misterio público en cumplimiento del llamado y el propósito que Dios tenía para su vida. Las Escrituras afirman que él creció en sabiduría y estatura, en otras palabras, fue madurando a medida que iban pasando los años.

2. El olivo debe ser podado con frecuencia.

Si el olivo no se poda con frecuencia, se transforma en un árbol silvestre, que da un fruto amargo, y después el proceso de desarrollo se hace aun más largo, precisándose otros diez años para que vuelva a dar bien su fruto.

> Yo soy la vid verdadera, y mi Padre es el labrador. Toda rama que en mí no da fruto, la corta; pero toda rama que da fruto la poda para que dé más fruto todavía (Juan 15:1-2).

Debemos ser podados. Si no permitimos que nuestro buen labrador trabaje en nuestras vidas, no convertiremos en plantas silvestres, rebeldes, independientes, dando un fruto amargo. Durante mi adolescencia tuve que pasar muchas veces por este proceso. Dios utilizó a mis líderes para quitar toda amargura, dolor e indisciplina que hacían que me convirtiera en un árbol común. Y a medida que vamos creciendo, Dios debe continuar podándonos con frecuencia a fin de que maduremos y demos fruto. Resulta muy fácil perder nuestro objetivo y creer que ya fuimos podados lo suficiente como para no volver a necesitar pasar por este proceso.

3. El olivo es un árbol de tierras secas y áridas.

Este árbol posee la característica de que se mantiene verde en medio de la aridez. ¿Quién quiere crecer en el desierto? Nadie, creo yo. Todos tenemos la idea de crecer en medio de pastos verdes y donde nos sintamos cómodos. Sin embargo, lo interesante del olivo es que se mantiene verde en medio de lo

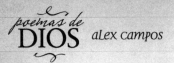

estéril y seco. Creo que este aspecto es muy complicado, pues no deseamos ser llevados al desierto, y si acaso tal cosa sucede, poco a poco perdemos nuestro color verde. No obstante, incluso Jesús fue llevado al desierto, tentado y puesto a prueba, así que te aseguro que tú y yo también experimentaremos este proceso, pues tal paso por el desierto no se puede negociar. En nuestra vida siempre va a haber momentos de sequedad. La pregunta es: ¿Seguiremos siendo verdes en medio del desierto? ¿Seguiremos floreciendo en medio de la sequedad?

¿Cuál será tu actitud cuando te encuentres en un momento difícil? Debes recordar que Dios es tu guía aun en tu transitar por el desierto. Si olvidamos esta verdad, seguramente nos encontraremos como el pueblo de Israel, perdidos y errantes.

> El Señor te guiará siempre; te saciará en tierras resecas, y fortalecerá tus huesos. Serás como jardín bien regado, como manantial cuyas aguas no se agotan (Isaías 58:11).

4. El olivo necesita de los rayos del sol.

En la reflexión «Eres mi sol» hablé de la importancia que tiene el sol para nuestra vida. Básicamente, no habría vida sin los rayos de este increíble astro.

En ocasiones le huimos al sol, sobre todo cuando nos sentimos sin protección y pareciera que su calor nos abrasara. *El sentirme descubierto cuando el sol me quemará.* Sin embargo, Dios no solo es ese sol que trae vida, sino también nuestro abrigo y sombra protectora.

> El que habita al abrigo del Altísimo se acoge a la sombra del Todopoderoso (Salmo 91:1).

Cuando nos exponemos a los rayos del sol de justicia, nos estamos exponiendo a las cosas buenas que él tiene para cada uno de nosotros.

Pero para ustedes que temen mi nombre, se levantará el sol de justicia trayendo en sus rayos salud. Y ustedes saldrán saltando como becerros recién alimentados (Malaquías 4:2).

5. El olivo madura en medio de la soledad.

La soledad es algo que aterra a muchos. No queremos estar solos, por lo que siempre estamos buscando la compañía de otra persona, y en su defecto de alguna mascota. Sin embargo, vemos que el olivo se hace fuerte en medio del desierto y la soledad.

Jesús fue un hombre que permaneció en medio de la gente, de las personas necesitadas, que poco a poco se convirtieron en multitudes que lo seguían a cada lugar que se dirigía. No obstante, él siempre buscó la forma de encontrar ese tiempo a solas con su Padre, cada madrugada buscaba un lugar solitario para escuchar la voz de Dios.

Muy de madrugada, cuando todavía estaba oscuro, Jesús se levantó, salió de la casa y se fue a un lugar solitario, donde se puso a orar (Marcos 1:35).

La soledad puede ser ocasionada por decisión nuestra o por causa de Dios. Muchas veces procuramos esos momentos a solas en los que meditamos y buscamos la guía de Dios. En otras ocasiones es el mismo Dios quien permite que se alejen algunos amigos o se termine un noviazgo, ya que él desea que permanezcas en su presencia y escuches su voz. Con frecuencia nos cuesta aceptar esta segunda opción. Resulta mucho más fácil cuando decidimos nosotros mismos estar solos, pero es difícil cuando Dios causa la soledad en nuestras vidas. Sin embargo, he entendido que para madurar y crecer en Dios necesito de esos momentos. La mayoría de

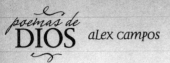

mis canciones, y de hecho las más conocidas y populares, han sido escritas allí, en medio de la soledad y el desierto.

> ¡Voy a hacer algo nuevo! Ya está sucediendo, ¿no se dan cuenta? Estoy abriendo un camino en el desierto, y ríos en lugares desolados (Isaías 43:19).

6. El olivo necesita de silencio para crecer y madurar.

Algunos estudios dicen que el ruido es algo que impide el crecimiento de algunas plantas, y en el caso del olivo, este es un árbol que no podría crecer en medio de las grandes metrópolis. ¿Por qué es tan importante el silencio y por qué no queremos estar en quietud?

El sonido del silencio, el que no quiero escuchar, es aquella noche fría la que quiero evitar, el sentirme descubierto cuando el sol me quemará. Me imagino cómo se pudo sentir Abraham después de escuchar a Dios pedirle que entregara como sacrificio a su único hijo, aquel que tanto amaba. Lo que más me llama la atención de todo este asunto es que después que Dios les da las instrucciones de cómo y dónde hacerlo, guarda silencio. Si me hubiera sucedido a mí, con seguridad me moriría y difícilmente aceptaría esto, pero Abraham, en medio del sufrimiento y el silencio, decidió seguir creyendo en la promesa de Dios. De algo estoy seguro, y es de que esos tres días de silencio de parte de Dios hicieron que la fe de Abraham pasara a ser una fe superior y extraordinaria. La fe y el carácter de Abraham resultaron tan increíbles, que Dios mismo lo condecoró con el título de «el padre de la fe». Asombroso, ¿no crees?

Que las fuerzas se me agotan y el día está por comenzar, fue otro día en silencio el que acaba de pasar, pasa y pasan los minutos en mi oscura soledad. Necesitamos del silencio para poder crecer y madurar. Yo no sería el mismo de no haber experimentado esos momentos de silencio de parte de Dios. ¡Sin embargo, cuánto nos cuestan esos momentos de soledad y de buscar el silencio! Debemos aprender a acallar nuestra propia voz, así como las voces de los que nos rodean y del enemigo. Silenciar nuestra vida y nuestro entorno nos da la oportunidad de poder contemplar la presencia de Dios, y lo más importante de todo, de aprender a escuchar su voz y mantener una postura de adoración en medio de su silencio.

Tú, oh Dios, nos has puesto a prueba; nos has purificado como a la plata (Salmo 66:10).

Yo quiero seguir riendo aunque el llanto aquí está, aunque el barco se me hunda, sé que yo podré nadar, la corriente de este río a tu amor me llevará. Ten la seguridad de que cada cosa que sucede en tu vida tiene un propósito. Muchas veces me preguntaba por qué tenía que pasar por tantos episodios dolorosos en el transcurso de mi vida. No obstante, entendí poco a poco la verdad que nos enseñan las Escrituras: «A todo el que se le ha dado mucho, se le exigirá mucho; y al que se le ha confiado mucho, se le pedirá aun más» (Lucas 12:48).

Dios quiere formar nuestras vidas y que podamos crecer en nuestro camino de la fe, así que cuando decidamos dejar de tomar leche espiritual y comencemos a comer alimentos sólidos en el reino de Dios, te aseguro que pasaremos por varias pruebas, las cuales a su tiempo nos purificarán como a la plata.

Tú eres mi fortaleza, mi escudo y mi lanza, eres todo lo que tengo cuando siento que no estás, eres tú mi compañía en esta oscura soledad. En medio del silencio de Dios, aprenderemos a confiar en él aunque no lo sintamos; a vivir impulsados no por emociones, sino por decisiones. En lo que a mí respecta, he decidido amarlo en todo tiempo, incluso en medio del silencio. ¿Y tú?

CAPÍTULO 19

Nube de colores

Espero el momento, espero nuestro encuentro.
Encuentro que te sueño, que sueño con tus ojos,
que me ven sonriendo, te miro y tiemblo,
cuando veo tu amor.

Dónde está el momento, no existe hora y tiempo,
solo sus promesas, promesas que yo espero.
Espero pronto verte, verte de cerca,
cuando veo tu amor.

El cielo se abrirá y entonces yo allí te veré,
subiré a lo más alto y a tus brazos correré,
no habrá nada en este mundo que me pueda detener,
allí estaré...

Y en esa nube de colores tu sonrisa yo veré,
no habrá más llanto ni tristezas, tus cosquillas sentiré,
y en esa nube... yo te veré.

Encuentro tu momento, encuentro que eres cierto,
quedo en silencio, al ver tu amor inmenso.
No encuentro palabras, te siento cerca,
cuando veo tu amor.

El cielo se abrirá y entonces yo allí te veré,
subiré a lo más alto y a tus brazos correré,

no habrá nada en este mundo que me pueda detener,
allí estaré...

Y en esa nube de colores tus secretos yo sabré,
no habrá lugar, ningún lugar que pueda reemplazar,
es allí donde mis sueños se hacen realidad,
no hay que esperar...

No habrá nadie en este mundo, que me pueda detener,
en tu amor yo esperaré, mil años, no sé, tal vez,
lo que sé... allí estaré...

El encuentro más esperado por aquellos que conocemos el amor, y no hablo de cualquier amor, no, me refiero al amor de Dios hecho carne, nuestro señor Jesucristo, es el que disfrutaremos con él algún día. Jesús prometió volver a esta tierra, regresar para llevarnos con él, una promesa que cada día que pasa se hace más fuerte en medio de esta sociedad.

Sueño con verlo, mirarlo a los ojos y estar cara a cara con el Creador, el omnipotente Señor de señores y Rey de reyes. ¡Asombroso! Solo imagina ese día, estando frente a aquel que hizo los cielos y la tierra, las estrellas y el firmamento; el Dios infinito que te permite permanecer en ese momento en su presencia. Esa es mi esperanza, mi anhelo, mi sueño, ese instante en el que mis ojos encuentren su mirada, cuando pronuncie mi nombre, me tome de la mano y me diga: «Buen siervo fiel».

Nadie conoce el día ni la hora en que acontecerá, solo sabemos que ocurrirá. Será en un abrir y cerrar de ojos. Muchos no lo estarán esperando, algunos habrán olvidado sus promesas, pero Jesús regresará como ladrón en la noche, sin anunciar. Cuando menos lo esperemos, allí se presentará. El cielo se abrirá y la caballería celestial se sentirá mientras suena la trompeta dando sus notas de victoria, notas que dan por terminado el anhelo ardiente de la creación. Una vez más el universo entero será testigo de esa entrada poderosa de Jesús a la tierra. Algunos se encontrarán trabajando, otros estudiando, durmiendo, pecando, orando, meditando; sin embargo, solo aquellos que le dieron cabida en su corazón al amor y la salvación de Dios seremos arrebatados por él. Nos elevaremos en los cielos hasta llegar allí junto a los victoriosos, los que perseveraron y caminaron no solo una milla extra, sino que a pesar de las pruebas y las persecuciones corrieron muchas millas más para estar en esa posición y ser llamados hijos de Dios, salvos por gracia y obediencia. Allí quiero estar, junto a mi familia y las miles de personas a las que pude ayudar a encontrar el camino. Creo que la agonía que siento al pensar que alguien se podría perder esto me lleva a cantar con pasión y dar el mensaje directo de que Jesús nos ama y tiene un plan maravilloso para nuestras vidas. No quiero que nadie se pierda, sino por el contrario, que cada día muchas más personas sean añadidas a los que vamos a ser salvos.

No sé si en ese momento pronunciaré alguna palabra, tal vez me quede sin habla y solo pueda contemplar la hermosura de su majestad. No me gustaría ser conformista, no imagino tanta gloria y yo parado frente a ella; creo que esa misma gloria me dejará anonadado, perplejo ante algo que jamás he visto antes. Es posible que algunos piensen que en nuestro paso por la tierra nos familiarizaremos con él para que no nos tome por sorpresa ni seamos ajenos a lo que experimentaremos allá. Sin embargo, recuerda lo que dicen las Escrituras: «Ningún ojo ha visto, ningún oído ha escuchado, ninguna mente humana ha concebido lo que Dios ha preparado para quienes lo aman» (1 Corintios 2:9).

No encuentro un lugar mejor en el que pueda anhelar estar. Sí, sé que aquí en la tierra disfrutaremos de lugares y momentos maravillosos y únicos, pero nada se puede comparar a estar entre las filas de los que Dios llama a encontrarse con él en el cielo. Imagínate subiendo entre las nubes, mientras que al mirar hacia abajo observas a muchos que en medio del asombro y la tristeza permanecen allí, sin partir igual que tú, que cada vez te alejas más. Y con cada segundo que pasa percibes más claro a aquel hombre montado en un caballo blanco, que te sonríe y te dice: «Ven». Hermano mío, ese es el momento que espero, el que sueño y anhelo vivir. No sé cuánto tenga que esperar, no sé cuántas generaciones más pasarán, lo que sí sé es que día a día deseo vivir no solo por ese momento, sino para animar a otros a que vivan de tal manera que también puedan ser parte de esa experiencia, sintiendo a cada instante el frágil y poderoso toque del amor de Dios.

Debemos aprender que las cosas pasan, la riqueza y la pobreza son pasajeras, la enfermedad y las circunstancias adversas resultan momentáneas. Nos espera un nuevo cielo, un nuevo cuerpo, seremos transformados y tendremos cuerpos incorruptibles; no habrá espacio para el dolor, ni la tristeza, sino que sentiremos por siempre las cosquillas de Dios, como escribo en mi canción, ese gozo eterno de saber que viviremos por siempre en el regazo de su amor.

Yo quiero estar allí. ¿Has contemplado la idea de estar en el cielo junto a él? ¿Has imaginado una eternidad con Dios y sin él? Medita por unos minutos. La trompeta va a sonar, ¿quieres adquirir el boleto que te eleve hacia las nubes y te lleve a tu Creador? Ríndele hoy tu vida a Jesús, entrégale todo, sin reservas, te aseguro que nos espera un cielo de colores donde Dios será quien te reciba en sus brazos. Vale la pena todos los sacrificios y todas las circunstancias adversas. No pierdas la fe, la trompeta pronto sonará.

capítulo 20

Como el color de la sangre

Si acaso ya no vuelves tal vez, recuerda lo que te dije ayer.
Tus ojos yo nunca olvidaré, cuando de niño yo te formé.
Cuando a la luna yo te llevé, y en la tormenta yo te cuidé.

Aunque lejos te hayas ido y se apague tu amor,
mi amor siempre incansable, luchará a tu favor.
Y si niegas mi existencia, lo que yo siento por vos,
el lucero de este cielo te dirá que aquí estoy yo.
Te dirá que soy tan cierto como lo es tu corazón,
como el color de la sangre.

Si acaso ya no vuelves tal vez,
no olvides que siempre yo te amé.
Mi vida yo por ti entregué, fue por este amor que callé.
El reino de mi padre dejé, y en busca de tu amor yo zarpé.

No hay que temer, te cuidaré, allí estaré.
Vuélvete a mí, te esperaré.

Aunque lejos te hayas ido y se apague tu amor,
mi amor siempre incansable, luchará a tu favor.
Y si niegas mi existencia, lo que yo siento por vos,
el lucero de este cielo te dirá que aquí estoy yo.
Te dirá que soy tan cierto como lo es tu corazón,
como el color de la sangre que por ti se derramó,

como el amor de aquel padre que su hijo entregó,
como lo es esta canción, que en silencio canto yo.

Tal vez en algún momento de tu caminar con Dios sucedió algo que te desanimó o te golpeó tan duro que abandonaste la carrera que con tanto entusiasmo un día empezaste. O tal vez eres un simpatizante que le gustan las cosas de Dios, pero no te atreves a adquirir ningún compromiso mayor. Si ese es tu caso, Dios quiere recordarte en este momento que él te ama y lo seguirá haciendo a pesar de que no lo conozcas demasiado, lo hayas abandonado o le seas indiferente; pues él no se ve condicionado por tus errores para amarte, sino que lo hace porque su identidad es el amor.

Dios pensó en ti, te adoptó como su hijo y te puso nombre. Te tomó en sus brazos y sanó tus heridas. Transformó tu tristeza y dolor en gozo y alegría. Cambió tu ropa sucia y vieja por vestidos reales y nuevos. Puso un cántico nuevo en tu boca y apoyó tus pies sobre suelo firme. Aunque tu condición era moribunda, Dios sopló aliento de vida sobre ti. Tomándote de la mano, te enseñó a dar tus primeros pasos, y a pesar de que muchas veces tropezaste, él estuvo allí para levantarte e impulsarte de nuevo. Te afirmó dándote una identidad propia; no eres una copia ni uno más de una serie, sino único y auténtico. Te dotó de dones y talentos, y te llamó valiente y esforzado, sabio y persistente, príncipe y siervo, justo y redimido. Sin embargo, sobre todas las cosas, prefiere llamarte hijo, porque eso es lo que eres para Dios, su hijo amado, en el cual se deleita y goza.

Así que aunque persistas en alejarte y dejes que la llama de tu amor por él se apague poco a poco, Dios también se mantendrá recordándote que su amor por ti resulta inmutable. Él es tan insistente que para acercarte una vez más y restablecer un puente entre tú y él ofreció a su propio Hijo como único camino, a fin de volverte a tener entre sus brazos. El pago que ofreció fue muy alto, no escatimó nada para recuperarte. Él sabía que solo una sangre pura y real anularía el acta de condenación que había en tu nombre, por eso envió a su único Hijo, Jesús. Y su amor es tan real como el aire que hoy estás respirando, es tan cierto como el sol que da calor y la luna que nos ilumina en la noche.

Las Escrituras son claras cuando afirman: «En todo esto somos más que vencedores por medio de aquel que nos amó. Pues estoy convencido de que ni la muerte ni la vida, ni los ángeles ni los demonios, ni lo presente ni lo por venir, ni los poderes, ni lo alto ni lo profundo, ni cosa alguna en toda la creación, podrá apartarnos del amor que Dios nos ha manifestado en Cristo Jesús nuestro Señor» (Romanos 8:37:39).

¿Por qué insistir entonces en rechazar este amor? Es posible que no lo hagas con tus palabras, pero sí con tus actos. Mentiras, adulterios, orgullo, vanidad... son muchas las malas actitudes del ser humano, y con ellas estamos rechazando su amor y su invitación a llevar una vida en santidad. No dependas de otros para tomar la decisión de caminar fielmente con Cristo. No permitas que tu fe en Dios dependa del comportamiento de tus hermanos, recuerda que todos somos pecadores y cada uno en su imperfección y sus errores tiene que caminar muriendo cada día a su pecado y sabiendo que en algún momento tendremos que dar cuentas delante del Señor.

capítulo 21

Tu poeta

Cuando desperté, allí estabas tú,
aquella mujer con la que soñé.
Le vestí la piel, sus labios besé,
y su corazón, allí me refugié.

Late el corazón, late hoy por vos,
y si canto yo, canto para ti.
Que mi vida entera, toda te la doy,
ya no tengas miedo, yo aquí estoy.

Tú poeta, tu verano, el silencio de mi voz diciendo te amo,
mi princesa, mi primavera, mi ternura y mi amor por vez
primera.

Me conoces bien, siempre te amaré,
aunque estemos lejos yo aquí estaré,
seré tu poeta, tu razón de ser,
tu serás mi reina, mi única mujer.

Tú serás mi aliento, serás mi edén,
mi eterno romance, confidente fiel,
niña consentida, amor de mi ser,
agua de este río que yo beberé.

Tú poeta, tu verano, el silencio de mi voz diciendo te amo,

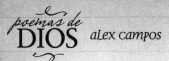

mi princesa, mi primavera, mi ternura
y mi amor por vez primera.
Soy un niño enamorado, el diseño
de tu sueño en mí plantado.
Consentida mariposita, prisionera de este amor
que no se rinde.
Que no se rinde.

Recuerdo la mañana después de mi boda. Todavía no podía creer que mi esposa se encontrara allí. Me parecía un sueño. La mujer con la que algún día soñé se hallaba justo al lado mío. ¿Cómo llegué hasta allí? ¿En qué momento aquella mujer se fijó en mí? Le sonreí a Dios desde mi cama, como diciéndole: «¡Siempre tienes lo mejor!». Era mi primera mañana junto a ella, y la idea de que sería mía todos los días de mi vida me emocionaba demasiado. El hecho de poder despertar cada mañana teniéndola en mis brazos era algo que no creía merecer.

De jovencito, cada día al mirarme al espejo me sentía mal. Mi ojo derecho estaba cubierto por una catarata y no podía ver bien con él, lo cual hacía que mi aspecto fuera extraño. Mis amigos se burlaban de mí, y siempre tuve que asumir la actitud de alguien malo y rebelde para no sentirme mal. Prefería ser el chico que llamaba la atención por ser el más indisciplinado que ser menospreciado y rechazado. Eso me llevó a no tener una buena fama entre las chicas. Siempre que me gustaba alguien e intentaba acercarme, ella lo notaba y asumía una actitud de rechazo. Yo ni siquiera intentaba decir alguna palabra comprometedora, sino me tragaba ese dolor y me hacía el fuerte, aparentando que no me interesaba la situación; sin embargo, en lo profundo de mi alma cada intento de conquista era una derrota anticipada que me hacía pedazos el corazón.

Pasaron varios años y ocultaba mi defecto en el ojo con unas gafas oscuras, pero el problema era que no podía andar todo el tiempo con ellas, y cada vez que me las quitaba, surgían mil preguntas acerca de qué me había sucedido. No me gustaba hablar mucho de mi enfermedad y me incomodaba un poco que me preguntaran, pero no tenía más remedio que responder a las cientos de interrogantes y a todas las cosas que cada persona que me conocía deseaba saber.

Recuerdo exactamente el día en que conocí a la que hoy es mi esposa. Yo llevaba puesto un pantalón azul que me quedaba grande, una camiseta muy sencilla, unas gafas rojas y, para lucir más llamativo, me había rapado y el poco cabello que había crecido me lo pinté de color rojo. Al verla, me pareció la mujer más bella que hubiera visto. Mucha mujer para un hombre como yo, según pensé. Tenía que ser realista: si me había acercado a mujeres que no eran tan hermosas como ella y había sido rechazado en mis intentos, era algo lógico que esta mujer, según las estadísticas, no se fijaría en un muchacho con un ojo blanco, bizco y con muy mal gusto para vestir. Aunque de lejos, no me cansé de mirarla.

Sin embargo, Dios había escuchado mis oraciones. Cuando cumplí los dieciocho años, oré específicamente por mi novia y mi esposa, pidiéndole al Señor que pudiera conocer a una joven apasionada por él y lo más parecida posible a la mujer de mis sueños. No sé con cuánta fe oré, pero creo que incluso en mi oración no era capaz de pedir algo que no estuviera acorde a mi capacidad, de modo que oraba que en lo posible fuera hermosa. ¡Como si Dios no tuviera siempre lo mejor para nosotros!

Hay algo de lo que sí estoy seguro, cuando te dedicas a las cosas de Dios, a sus negocios, él se encarga de tus asuntos y sueños. Sé que no fue coincidencia que alguien en aquel lugar me hablara del padre de aquella chica, teniendo así la oportunidad de conocerla y estrechar su mano. No lo podía creer, su mano se encontraba en la mía; sentí mil cosquillas y mariposas en el corazón, poniéndome muy nervioso al tenerla tan cerca. En mi mente, pensé que ella era como la mujer que había soñado. Tres años después, aquella niña que soñó en su ventana con que algún día llegaría su poeta estaba allí junto a mí frente al altar, haciendo un pacto de amor eterno y dando inicio a ese gran regalo de Dios llamado matrimonio.

A veces las acciones son más poderosas que las mismas palabras. No solo es necesario expresar con palabras: «Te amo». Permite que, por medio de tu actitud, el silencio de tu voz también diga: «Te amo». Que ella sea tu ternura y siempre compartan un amor como el de la vez primera. Dios te creó, y la creó a ella como el complemento perfecto para tu vida. Vale la pena esperar si aún no te has casado. Deja que Dios decida quién va ser el compañero de tu vida y no tus hormonas ni tus emociones. No vendas tu virginidad al primer postor, vales mucho, y aunque esto signifique ir en contra de lo que el mundo dice, te puedo garantizar que vale la pena esperar por esa persona. Dios nunca llega tarde, él sabe qué es lo mejor para tu vida, espera en el señor y aprende a confiar en él. Te aseguro que Dios lo hará.

> Deléitate en el SEÑOR, y él te concederá los deseos de tu corazón. Encomienda al SEÑOR tu camino; confía en él, y él actuará (Salmo 37:4-5).

Si eres casado, no dejes que nada ponga en peligro tu matrimonio, pues recuerda que Dios te va a pedir cuentas por tu vida y tu familia. Él no quiere que ganes el mundo y pierdas tu matrimonio. No dejes que la falsa religiosidad mate lo romántico y lo apasionado. Lucha por tu matrimonio. Anclados en Dios, aunque vengan fuertes vientos, resiste las oleadas que siempre quieren apagar la llama del amor.

Grábame como un sello sobre tu corazón; llévame como una marca sobre tu brazo. Fuerte es el amor, como la muerte, y tenaz la pasión, como el sepulcro. Como llama divina es el fuego ardiente del amor. Ni las muchas aguas pueden apagarlo, ni los ríos pueden extinguirlo. Si alguien ofreciera todas sus riquezas a cambio del amor, sólo conseguiría el desprecio (Cantares 8:6-7).

CAPÍTULO 22

Más que ayer

Cuando el silencio llegue otra vez,
no tendré miedo, yo sabré,
que en tus brazos estaré,
y allí confiado viviré.
Y en mi silencio te diré,
eres mi todo, mi edén.
Sobran palabras, sé muy bien,
que con mi vida te amaré.

Y al fin del día seguiré,
en mis rodillas y a tus pies.
Cada minuto viviré,
amándote más que ayer.

Cuando tu voz escuche yo
decir mi nombre, allí estaré.
Con mis poemas cantaré
que yo te amo, más que ayer.

Cada día trae su propio afán, y no hay uno que se repita. Por más parecidos que nos parezcan, cada día es una oportunidad única. Aunque la gente hoy piensa demasiado en el ayer o se proyecta demasiado adelante hacia su mañana, hay una frase muy especial para mí: «Vive un día a la vez». Vive intensamente tu presente, el día de hoy, no vivas de glorias pasadas, ni vivas de sueños lejanos. Aférrate al Señor hoy, que es el día que estás viviendo, que estás respirando, ayer ya pasó y el futuro aún no ha llegado. Él tiene algo nuevo para ti hoy. La Palabra de Dios dice:

> El gran amor del SEÑOR nunca se acaba, y su compasión jamás se agota. Cada mañana se renuevan sus bondades; ¡muy grande es su fidelidad! (Lamentaciones 3:22-23).

Es increíble pensar que así como Dios tuvo algo ayer para ti, lo tiene hoy y lo tendrá mañana. Entonces ¿por qué vivir como si hoy nada tuviera ya valor? Muchos hemos dejado de descubrir las amplias bendiciones de Dios para nuestras vidas por estar recordando y añorando lo bueno o lo malo que pudo suceder en el ayer. Otros, por el contrario, hemos puesto nuestros ojos en el futuro, pensando e imaginando lo que podría ser nuestra vida. Sin embargo, ¿cómo puedes tener un gran mañana si hoy no construyes con diligencia y fidelidad? Muchos viven el presente de una forma despectiva y pasajera. Es posible que el trabajo que estás haciendo ahora no sea lo que sueñas, puede ser que te adelantaras a los planes y no esperaras al niño que hoy crece en el vientre de la mujer que amas, tal vez comenzaste a estudiar algo que ahora piensas que no es lo tuyo, por eso vives tratando de que todo pase rápido para ver si el mañana trae algo diferente.

«Más que ayer» es una canción que escribí sabiendo que Dios utilizó el ayer para formar mi vida y mi carácter, y utilizará el mañana para seguir mostrando su gloria, que día a día va en aumento, pues la gloria postrera será mayor que la primera.

Y al fin del día seguiré, en mis rodillas y a tus pies. Cada minuto viviré, amándote más que ayer. Ama a al Señor cada segundo de tu vida, ayer ya es historia, hoy es el momento para decir nuevamente y con más firmeza: «Te amo Dios».

No dejes que los días pasen sin buscar la voz de Dios, pues sé que él está dispuesto a escucharte y hablarte. Vive un día a la vez, como si fuera el primero y el último de tu vida. Sácale todo el provecho a cada minuto. A pesar de lo malo que podría estar sucediendo, recuerda que incluso en los valles de sombra Dios se halla a tu lado. No desmayes, levántate, que lo mejor siempre está por venir. Dios tiene promesas para tu vida, es tiempo de reclamarlas y apoderarte de tu bendición. No te afanes por el mañana, así como Dios cuida de las aves, cuidará también de ti.

capítulo 23

Es el amor

Dame de ese amor, de ese buen amor,
que cuando se entrega muere.
De ese fiel amor que allí me esperó y que si se anhela vuelve.
Que nada negó y su vida dio, es ese amor que duele.
Y si al entregarse no hay pasión, entonces amar no puedes.

Dame de tu amor, de ese gran amor
como el sol que resplandece.
Como la mañana siempre llegó,
siempre estarás en mi mente.
Como la esperanza que renació, ven,
quédate aquí por siempre.
Como el aroma de aquella flor,
lo nuestro nunca envejece.

¿Qué es el amor? Es darse sin esperar.
¿Qué es el amor? Menguar para que crezcas.
Y es que el amor me da aquella fuerza.
Y sin amor, metal que allí resuena.

Como aquel amante que allí murió,
amor que venció a la muerte.
Como la semilla que germinó, dame de tu amor que crece.
Alzo la bandera de libertad para que el mundo se entere.
Fuiste el creador de todo el amor, amor que en verdad no
muere.

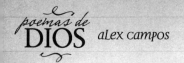

¿Qué es el amor? Es darse sin esperar.
¿Qué es el amor? Menguar para que crezcas.
Y es que el amor me da aquella fuerza.
Y sin amor, metal que allí resuena.
Y si hay amor, se acaba esta guerra.

Desde el oriente al occidente...
En el caudal de mis cantares...
En el susurro de la noche...
En el baile de los guaduales tú
En el acorde de los mares...
En el cuidado de una madre...
Está tu amor.

El amor es una decisión y no solo un sentimiento. La cultura nos ha querido enseñar que es un impulso emocional y no una decisión de entregarse y dar. Hoy en día se trata más de demandar lo que deseamos que de entregarnos por lo que queremos. Sin embargo, aunque *amor* es una palabra corta, encierra muchas cosas a la vez.

Fuimos diseñados para amar y ser amados; no obstante, ¿cómo podemos amar si no estamos dispuestos a sacrificarnos tan solo un poquito?

Uno de los mandamientos más importantes en la Biblia es: «Ama a tu prójimo como a ti mismo». Con esta ordenanza se pone a prueba ese amor que decimos profesar. A veces creemos que este mandamiento se aplica solo a los seres queridos y nuestros amigos, pero en realidad lo que Dios desea es que podamos amar a toda persona de la misma manera que nos amamos a nosotros mismos, que seamos capaces de sacrificarnos por los demás. Y cuando hacemos esto, Dios tiene una recompensa enorme para cada uno de nosotros.

Ahora bien, hay algunas personas que se van al otro extremo y pasan por alto amarse a sí mismas y tenerse en alta estima, sin detenerse a analizar con profundidad lo que esto significa. En mi opinión, todo comienza con aceptarte como eres y no desear ser otra persona, sabiendo que Dios tiene algo único para ti. Veo a muchos tratando de imitar otras vidas sin intentar descubrir lo que en realidad podrían llegar a ser en Dios. También te amas a ti mismo cuando te tomas el tiempo para cuidar de tu cuerpo. Sí, tu forma de comer, el tiempo que dedicas a descansar, el ejercicio que haces, en fin, el hecho de llevar un estilo de vida saludable es una forma de amarnos a nosotros mismos y ser buenos administradores del cuerpo físico que Dios nos dio. A veces miramos solo a aquellos que se destruyen con el alcohol, las drogas y cosas por el estilo, pero en medio de la familia de Dios veo un gran índice de personas que no se cuidan ni controlan su alimentación, por lo que años después sufren de una cantidad de enfermedades a causa de todo ese mal hábito alimenticio. Y no escribo esto en son de criticar, sino para que puedas reflexionar y considerar si eso es lo que Dios desea para ti.

Sé que podría haber enfocado este capítulo en el amor a Dios, pero sentí muy fuertemente que amar a Dios también se traduce en amarnos a nosotros mismos. Cuando te amas a ti mismo, sabes que lo mejor para ti es estar rodeado de ese gran amor. Que nada ni nadie te puede hacer mejor persona que estar expuesto al poderoso y grandioso amor divino, un amor por el que Jesús, el Hijo de Dios, se hizo carne y vivió entre nosotros. Él vino a darnos muestra de un amor que no se agota, que no se cansa, que nos levanta y nos capacita para ser hombres conformes a su corazón.

¿Qué es el amor? Es darse sin esperar. Cuando das sin tener en cuenta qué recibirás a cambio, esto trae más recompensa que si esperas algo. El amor de Dios se define en que él se entregó sin reservas.

¿Qué es el amor? Menguar para que crezcas. Cuando amas radicalmente, te haces más pequeño con el fin de que Dios se vuelva más evidente en tu vida y reciba toda la gloria. En el caso de nuestro prójimo, cuando menguas, cuando respondes a un agravio con una palabra suave, cuando pones la otra mejilla si te han ofendido, cuando mueres a tus gustos y pasiones para darle la oportunidad a otra persona de desarrollarse, estás actuando en el amor de Dios, creces más que si solo pensaras en ti antes que en los demás. En mi caso, he aprendido a menguar no solo para que mi esposa cada día pueda crecer como madre y esposa, sino también para que sea capaz de lograr cada sueño en su vida, mientras le brindo espacio y la seguridad de que lo podrá hacer. Para eso, siempre que es posible pongo en segundo lugar mis deseos, mi agenda y mis compromisos, dedicándole más tiempo a ella. Cuando amas, el resultado es servir a los demás.

Sin amor, metal que allí resuena. Una de las cosas más molestas y desagradables es escuchar el sonido de un pedazo de metal rechinando. Los dientes se te destemplan, la piel se te eriza y quieres salir corriendo de aquel lugar. Pues bien, así es la persona que no tiene amor, en vez de ser un sonido suave y agradable al oído, que trae una linda melodía, somos sonidos que herimos a otros con el ruido que produce nuestra vida. ¿Qué sonido produce tu vida? ¿Estás lleno del único amor que puede traer vida a otras personas? La Palabra de Dios nos da un significado del amor:

> Si hablo en lenguas humanas y angelicales, pero no tengo amor, no soy más que un metal que resuena o un platillo que hace ruido. Si tengo el don de profecía y entiendo todos los misterios y poseo todo conocimiento, y si tengo una fe que logra trasladar montañas, pero me falta el amor, no soy nada. Si reparto entre los pobres todo lo que poseo, y si entrego mi cuerpo para que lo consuman las llamas, pero no tengo amor, nada gano con eso. El amor

es paciente, es bondadoso. El amor no es envidioso ni jac-
tancioso ni orgulloso. No se comporta con rudeza, no es
egoísta, no se enoja fácilmente, no guarda rencor. El amor
no se deleita en la maldad sino que se regocija con la verdad. Todo lo disculpa, todo lo cree, todo lo espera, todo lo
soporta (1 Corintios 13:1-7).

Vuélvelo a leer.

CAPÍTULO 24

Me veo y te veo

Tú, que conozco y desconozco, que eres grande y pequeño,
el que cuida de mis sueños, el guardián de mis momentos.
Tú el silencio y el estruendo, poderoso y siempre tierno,
mi refugio y mi desierto, mi calor y tú en el hielo.
Tú en el agua y en el fuego, en el niño y el abuelo,
en la letra de mis versos, mi creador y tú mi dueño.

No puedo escaparme de tu pensamiento, de tu fiel momento,
y es que no te veo y a la vez te veo,
y es que no te siento, pero estás tan dentro.
Busco tu presencia cuando el sol se oculta y la luna llega,
te veo al mirarme en aquel espejo, y aunque pasa el tiempo,
me veo y te veo, me veo y te veo.

Tú, en el desván de mis recuerdos, en el futuro de mis sueños,
en el alba y en el cielo, en el alma y en el cuerpo,
en la brisa de los campos, en la fuerza del obrero,
tú en el fruto del trabajo, en la patria de mis sueños.

¡Veo... veo que eres cierto, siento que estás aquí adentro!

¿Cómo te olvidó, mi vida? No lo consigo.
La vida siento, la siento cuando te veo.
¿Cómo te olvido si te siento en mis momentos?
Siempre tú, cuando te veo,
me veo y te veo.

¡Vaya misterio difícil de entender! Pareciera como si se tratara de algo exclusivo y reservado solo para algunas personas aquí en la tierra. Desde muy chico tuve la inquietud de ver y sentir a Dios. Deseaba saber qué se experimentaba al conocerlo. Me imaginaba que él se aparecería de forma similar a lo que vemos en las caricaturas: si conseguía el elemento especial, decía las palabras adecuadas, o frotaba la lámpara, él se presentaría para hablarme y concederme los deseos de mi corazón. Creemos que Dios debe mostrarse o hablar con nosotros de la forma en que quisiéramos, pero él se ha dejado ver desde el principio, muchas veces de formas tan sencillas que lo pasamos por alto.

Dios es alguien que conozco y desconozco. Son tantas las cosas que he vivido con él que podría atreverme a decir que lo conozco, pero luego me doy cuenta de mi humanidad y entiendo que soy muy limitado, así que pienso: «Me falta mucho para conocerlo». En realidad, afirmar que conozco a Dios es algo tan delicado para mí, que prefiero decir que aún lo estoy conociendo. Él es mi sanador, mi protector, mi ayuda en medio de la angustia, poderoso, fuerte, victorioso, generoso. Es el Principio y el Fin, el Alfa y la Omega, Dios Padre, Dios Hijo y Dios Espíritu Santo. Es mi Señor y mi Salvador. Son muchas las cosas bellas y las bendiciones que recibo de Dios, pero aun así sé que cada día debo profundizar más mi relación con él a fin de llegar a conocerlo mejor. Entonces algún día partiré para estar con él, y cuando lo vea cara a cara será algo tan majestuoso como nada que haya experimentado antes. Y tendré una eternidad para contemplar su hermosura y santidad. Creo que allí podré decir que lo conozco.

Dios es tan grande y pequeño a la vez, que el cielo es su trono y la tierra es el estrado de sus pies, pero al igual forma parte de nuestra vida y se refugia en nuestro pequeño corazón. Increíble, ¿no lo crees así? El mismo que cuida de la tierra y el universo entero es el guardián de mis sueños, el que cuida mis pasos. Su voz es tan potente y fuerte que se compara con la de un trueno sobre las aguas, su voz lanza ráfagas de fuego y sacude los desiertos (véase el Salmo 29), sin embargo, a la vez es la suave y dulce voz que le habla a nuestro corazón trayendo paz y vida, ese murmullo que solo podemos escuchar en la intimidad que disfrutamos con él.

Dios ha estado, está y estará presente en tu vida de una forma muy especial. Ha estado presente en el desván de tus recuerdos y en cada momento que has vivido. En realidad, si hoy te has vuelto un hombre y ya caminas solo, es gracias a él. Del mismo modo, Dios estará en el futuro de tus sueños. ¿Quién si no él es el Dador de sueños? Así que estará animándote a lograr lo que ya ha puesto en tu corazón y tiene reservado para tu vida.

Después de ver la forma en que Dios se ha mostrado a través del tiempo a sus hijos, tengo que decir que no puedo escaparme ni un solo instante de su fiel momento, pues sé que cada minuto que pasa él está pensando en mí y velando por mi seguridad. Sí, es una realidad que aunque muchas veces no lo veamos, a la vez lo estemos viendo. Que en ocasiones no lo sintamos, pero esté tan dentro de nosotros. Dios, en su multiforme gracia, se muestra de mil formas en nuestras vidas.

¿Cómo olvidarme de Dios? No me es posible concebir este pensamiento. Solo puedo vivir y sentir la vida cuando lo veo a él. Y todos los días lo percibo a través de la mirada de mis pequeños hijos, al sentir la brisa de los campos, al ver el fruto del trabajo del obrero y la patria en la cuál decidió que yo naciera. Sin embargo, el momento más increíble en que puedo apreciarlo es cuando me paro frente al espejo y me observo a mí mismo. Me veo y lo veo.

capítulo 25

Mil palabritas

Veo que no estás aquí, extraño que estés junto a mí,
y quiero estar siempre allí, día a día en tus ojos me veo en ti.
Tan frágil y fuerte también, pequeña qué grande te vez,
cautivas mi mundo, mi ser,
tu sonrisa un tesoro que yo encontré.

Eres la niña que me hace reír,
dulce poema que vive en mí.

Cuando te observo, me llevas al cielo.
Cuando te escucho, me haces tú dueño.
Cuando me llamas, corro como el viento.
Cuando te siento, no existe el tiempo.

Escucho que dices papá, que por siempre mi hija serás,
que soy tuyo, que me amarás.
No habrá nadie en el mundo que te ame más,
eres mi niña, tu padre seré,
tus palabritas transforman mi ser.

Amo el mirarte aun si tú no me miras.
Amo tu risa o la voz que me grita.
Amo tus noches y tus mañanitas.
Amo escuchar esas mil palabritas.

Y es que te amo, por siempre yo te extraño.
Mi pequeña, mi princesa, te amo.

Era el primer día de colegio de mi hija Juannita, y creo que nosotros como padres estábamos más nerviosos que nuestra pequeña. No podía creer cómo el tiempo había pasado tan rápido. ¿En qué momento llegó el primer día de clases de la que hasta hace poco era mi bebé? Recuerdo que entré con ella al colegio, pues quería estar seguro de que estuviera calmada y también sentirme tranquilo, ya que por primera vez dejaría a mi hija con personas que no conocía mucho.

Nunca podré olvidar aquella mañana, allí estaba Juanita, «la de las dos colitas», tranquila y emocionada de conocer personas diferentes. Era el primer día de clases para ambos, tanto para mi hija como para mí, ahora en la posición de padre. No sería yo el que me quedaría en aquel pequeño pupitre, pero sí tendría que soltarle la mano y dejarla avanzar sola, algo que no deseaba hacer. En realidad, era tanto mi deseo de permanecer junto a ella que no le solté la mano hasta que estuvimos en medio del salón de clases frente a sus compañeros. No entendía o no quería darme cuenta de que ya era hora de salir del salón. Creo que estaba esperando que Juannita me dijera: «Papá, quédate conmigo» o «Llévame contigo a casa». Por el contrario, mi hija se me quedó mirando un poco apenada y me hizo señas como diciendo: «Papá, ¿qué haces aún aquí?». En ese momento desperté a la realidad y entendí que debía salir de aquel lugar. Con el corazón en la mano y un nudo en la garganta, me retiré del salón dejando una parte de mi vida allí. Me detuve en la puerta para observar de lejos a mi pequeña, mientras las lágrimas comenzaron a brotar de mis ojos. No podía creer lo grande que se veía y a la vez lo pequeña que era. Ser padre es una hermosa realidad que día a día me ha llevado a comprender el amor de Dios como mi Padre celestial, a saber que él me está mirando, atento a cada movimiento que haga, con el deseo de tenerme en sus brazos y que pueda sentir que soy importante para él, que nada en este mundo lo cautiva tanto como amar incondicionalmente a los que ahora hemos llegado a ser hijos de Dios.

Muchas personas que tienen el privilegio de ser padres no han entendido la magnitud de lo que esto significa. Escuchar con cuidado no solo aquellas palabritas que nuestros hijos pronunciaban de pequeños, sino las palabras que nos dicen ahora de grandes, no solo tiene importancia para ellos, ya que las mismas harán que nuestra vida también cambie. Prestarles atención a nuestros hijos y darles nuestro tiempo con excelencia hace que se conviertan en hombres y mujeres seguros de sí mismos, con una claridad en sus caminos que otros no lograrán tener si les falta ese tiempo de calidad con sus padres.

Puede que hayas sido padre por accidente, que eso no fuera lo que planeaste para este tiempo, pero te aseguro que Dios tiene algo especial para ti y te sorprenderás de todas las bendiciones que trae el hecho de ahora ser papá. Sé que se trata de un camino plagado de muchas preguntas, pues nadie nació sabiendo cómo ser padre ni estudió para ello. Sin embargo, ver cada día crecer a nuestros hijos es algo que no tiene precio. Cuando los vas descubriendo y observas cómo van formando sus propias vidas, cuando acompañas a tus hijos a lo largo del camino, te descubres a ti mismo y te vuelves una mejor persona.

Hace apenas unos días atrás me encontraba en el bello país de Ecuador. Mi esposa me escribió, explicándome que Juannita necesitaba hablarme urgentemente, así que llamé a casa de inmediato. Cuando mi hija comenzó a hablarme en medio de las lágrimas, diciéndome lo mucho que me amaba y cuánta falta le estaba haciendo, yo también me eché a llorar. No sé cuánto tiempo transcurrió, cada palabra que me decía

estaba cargada de tanto amor y ternura, que yo tampoco podía contener mis lágrimas. Era la primera vez que mi hija se
expresaba de esa forma tan emotiva, y poco a poco fui descubriendo lo importante que nos habíamos vuelto el uno para
el otro. Una vez que llegué a casa, mi mirada se topó con su
enorme sonrisa, luego salió corriendo hacia mis brazos, sin
parar de besarme y decirme con cariño cuánta falta le había
hecho. Permanecí envuelto en sus pequeños brazos, dándole gracias a Dios por mis dos hijos. Mi esposa me miraba a
los ojos y contemplaba uno de los cuadros más hermosos
para una mujer: su esposo y sus hijos fundidos en un abrazo,
compartiendo besos y palabras que marcarían sus vidas para
siempre.

Amo a mis hijos de una forma tan poderosa, que es fácil
entregarme a ellos. No permitiré que nada les pueda hacer
daño, lucharé contra viento y marea para ser no solo el mejor padre, sino su mejor amigo, la persona en la que puedan
confiar, un ejemplo que anhelen imitar. Mi sueño no es llegar
a ser el cantante más reconocido o el músico más premiado,
mi deseo y mi anhelo es ser el mejor padre para mis hijos,
que aunque pasen los años, ellos puedan decir: «Mi papá es
el mejor padre de todo el mundo». Ese será mi mejor premio.

Pues si ustedes, aun siendo malos, saben dar cosas buenas
a sus hijos, ¡cuánto más su Padre que está en el cielo dará
cosas buenas a los que le pidan! (Mateo 7:11).

capítulo 26

Dije adiós

Dije adiós, se me olvidó su dulce voz
que me cantó: Te amo, te amo.
Qué torpe fui, yo me perdí, sin darme cuenta morí al vivir
y no entiendo, es que no entiendo.

La vida diste tú por mí cuando yo fui quien te herí,
me diste alas pa' vivir y yo insistía en morir.
Fue tu silencio de amor el que a mí me estremeció,
fue tu perdón que me abrazó cuando perdido estaba yo.

Hoy digo adiós a mi vivir,
y con mi voz declaro yo:
Te amo, cuánto te amo.

Fue el poema de amor el que a mí me conquistó,
aquel latir de corazón que por tres días se paró.
Me recordaste la canción que con su sangre escribió,
lenguaje eterno de amor, lenguaje que deseo yo.

Aunque no entiendo, yo no te miento,
muero aquí adentro si no te tengo.
Si no te tengo, soy como un ciego, y es que no entiendo,
eres tan cierto, eres mi aliento, tú lo que quiero.
Dije adiós.

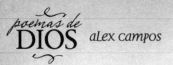

poemas de
DIOS — aLex campos

Todos le hemos dado la espalda a Dios y nos hemos apartado del camino en algún momento. Comenzamos nuestro caminar con Dios con el firme propósito de avanzar y nunca retroceder, de amarlo por encima de todas las cosas, pero pareciera que al pasar el tiempo todos estos buenos pensamientos se van quedando en el camino, y vamos olvidando la voz de Jesús que nos dice cuánto nos ama. En lugar de una voz cercana y audible, más pareciera un eco que se desvanece.

Debemos preguntarnos: ¿En qué momento dejamos de tener nuestra mirada fija en él y comenzamos a enfocarnos más en los beneficios y bendiciones? ¿Por qué nos enojamos o desesperamos como niños pequeños cuando algo no salió como esperábamos? Mi amigo Lucas Leys dice que nadie se despierta un día y si no le gusta el café dice: «Hoy me voy a convertir en un gran pecador y alejar de Dios». Ocurre en un proceso lento y por eso debemos prestar atención.

Personalmente, tengo que reconocer que me he encontrado así, muriendo en vida. Poco a poco me dejé seducir por las múltiples opciones que este mundo te comienza a proporcionar, y sin darme cuenta comencé a vivir una religiosidad que no era verdadera. En realidad, tan solo pensar y escribir sobre ello me produce una gran tristeza, ya que en aquel momento solté su mano y me alejé de Dios, creyendo que por formar parte de un ministerio me encontraba protegido. ¡Cuántos nos hemos escondido tras la fachada de un gran ministerio mientras nuestras vidas se están derrumbando poco a poco, quedando cada vez más a la deriva! Cuando le damos la espalda a Dios, simplemente le decimos adiós a su amor, su gracia y su verdad.

Fui muy torpe y necio al pensar que podría continuar viviendo sin mantenerme caminado tomado de su mano. La Biblia es clara y compara a los que insisten en vivir de esta forma con sepulcros blanqueados. Tal vez le parezca un poco severo, pero lo estaré siendo en primer lugar conmigo mismo y con el llamado tan especial que un día Dios me hizo. He aquí lo que dicen las Escrituras:

> ¡Ay de ustedes, maestros de la ley y fariseos, hipócritas!, que son como sepulcros blanqueados. Por fuera lucen hermosos pero por dentro están llenos de huesos de muertos y de podredumbre. Así también ustedes, por fuera dan la impresión de ser justos pero por dentro están llenos de hipocresía y de maldad (Mateo 23:27-28).

Esta es una palabra fuerte que no nos gusta leer ni considerar, pero cuánta verdad hay en ella. No podía estar cantando del amor de Dios y hallarme cada vez más lejos de él, sin tener una vida de devoción continua que alimentara nuestra relación. Es como asegurar que amo a mi esposa, pero no hablar con ella y dormir en camas separadas, sin tener intimidad. Resulta ilógico. Asimismo es tonto pensar que como no ves a Dios, pues no necesitas tener una relación viva con él. Eso fue lo que me sucedió a mí.

Tal vez estés pensando en qué tipo de experiencia viví en realidad, pero más que despertar tu curiosidad mi intención es que sepas que cada uno de los que un día decidimos caminar con Dios atravesamos muchos caminos donde podemos perdernos y olvidarnos de lo que significa el amor divino en nuestras vidas. No obstante, así tú y yo hayamos echado al olvido todas sus bendiciones, Dios no deja de mostrarnos ese amor incansable, que nos recuerda su verdad y su camino, haciéndonos regresar a él.

Una de las cosas más increíbles y difíciles de entender para mí es su silencio lleno de amor, el hecho de que él calla ante el agravio de cada uno de nosotros. La Biblia señala:

> Ciertamente él cargó con nuestras enfermedades y soportó nuestros dolores, pero nosotros lo consideramos herido,

golpeado por Dios, y humillado. Él fue traspasado por nuestras rebeliones, y molido por nuestras iniquidades; sobre él recayó el castigo, precio de nuestra paz, y gracias a sus heridas fuimos sanados. Todos andábamos perdidos, como ovejas; cada uno seguía su propio camino, pero el Señor hizo recaer sobre él la iniquidad de todos nosotros. Maltratado y humillado, ni siquiera abrió su boca; como cordero, fue llevado al matadero; como oveja, enmudeció ante su trasquilador; y ni siquiera abrió su boca (Isaías 53:4-7).

Cuando le fallamos y nos alejamos, rechazando su amor, es como si lo estuviéramos llevando a la cruz de nuevo, y es entonces que él enmudece una vez más por amor, pues sabe que ese sacrificio es el que nos da la única oportunidad de regresar al Padre, de volver al camino y restablecer nuestra comunión con Dios.

El amor de Dios para nuestra vida es como un hermoso poema que se extiende y nos alcanza, que no se ve limitado por nuestra condición de pecado, sino que se hace más fuerte y poderoso, derrumbando todo argumento de maldad. Él nos recuerda la canción que fue escrita con su propia sangre, una sangre que nos lava y alcanza. Dios pelea por cada uno de nosotros y nos vuelve a atrapar con lazos de amor. Aunque no entienda tanto amor por mí, siendo yo tan necio y caprichoso, hoy puedo concluir que es gracias a su misericordia, la cual se hace nueva cada mañana, que puedo declarar a través de esta canción y de mi vida lo siguiente: *Aunque no entiendo, yo no te miento, muero aquí adentro si no te tengo. Si no te tengo, soy como un ciego, y es que no entiendo, eres tan cierto, eres mi aliento, tú lo que quiero.*

Hoy digo que sí al llamado de amor y restauración del Señor para mi vida, y le digo adiós a todo lo que estorba y se antepone al perfecto amor de Dios.

capítulo 27

Regreso a ti

Me encuentro solo, me encuentro sin ti.
Tengo tanto miedo, no sé a dónde ir.
Siento que me pierdo en un mundo gris,
que sin rumbo fijo, me alejo de ti.

Como la paloma que regresa hacia mí,
emprendo el vuelo que me lleva a vivir.

Yo sin ti me estoy muriendo, llévame al momento
donde encuentre tu amor.
Eres vida mi aliento, todo mi universo,
eres todo lo que soy.
Regreso a ti, regreso a ti, siempre a ti.

Al sentirme solo, recordé allí,
que en aquel madero, morías por mí.
Y es que yo no entiendo, que viste en mí,
por eso hoy vengo a entregarme a ti.

Como la paloma que regresa, emprendo mi vuelo a ti.
Alzo mi bandera, miro hacia el cielo, mi destino solo tú.

Yo sin ti me pierdo, yo sin ti no soy.
Soy como cenizas que se lleva el viento,
sin ti ya no brilla el sol.

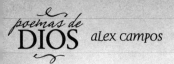
Mi refugio y mi dueño, tú mi pensamiento,
tú mi fiel momento, Dios.
Creador del universo, ven quédate adentro,
ven te doy mi corazón.
Dame vida, pon tu fuego, ven y sé mi dueño,
te entrego lo que yo soy.

Regreso a ti, regreso a ti, solo vuelve aquí.

En mi caminar con Dios, han sido varias las ocasiones en que me he encontrado en el proceso de recuperar y regresar a mi primer amor. He aprendido que en la vida cristiana estos momentos nunca terminarán, pues cada día tenemos que morir a nosotros mismos y buscar el rostro de Dios. Sin embargo, en medio de todas estas experiencias aprendí también a mantenerme atento y no confiar en mi propia prudencia. La Biblia nos exhorta: «Confía en el Señor de todo corazón, y no en tu propia inteligencia» (Proverbios 3:5). Dios, sabiendo que es tan fácil que nos apoyemos en nuestro propio entendimiento, nos invita a confiar en él con todo nuestro corazón. Hoy, mi deseo es poder entender que no se trata de mis logros y mis talentos, que no es mi llamado y mi ministerio, que si estoy aquí y sigo de pie es por la misericordia y la gracia de mi Dios. Por más que sepa o más experiencia que pueda adquirir en mi camino, entiendo que siempre dependeré de mi Señor, que el día en que deje de tener mi mirada fija en él y me distraiga con las bendiciones, seguramente estaré una vez más encaminándome a ser un necio que se apoya en su propio entendimiento.

Caminar con Dios sin tener una comunión íntima con él es algo que no tiene sentido. No puedes amar a alguien sin tener una relación especial con esa persona. Lo mismo sucede con Dios, no puedes amarlo sin entregarle tu vida en devoción a él. Somos muchos los que nos acostumbramos a llevar una vida religiosa, dependiendo solo de las reuniones dominicales y los encuentros públicos con Dios. Sin embargo, él es un Dios personal, que desea y anhela encontrarse con nosotros en lo secreto, de modo que después en público podamos ser un canal de bendición para otros. Cuando trabajas para Dios y prácticamente le dedicas tu tiempo completo, resulta fácil confundir servicio con devoción. Desde muy pequeño mi vida se ha desarrollado dentro de la iglesia y allí he aprendido casi todo lo que sé. Considero una bendición enorme haber crecido en la casa de Dios, pero debo entender algo, no solo debo conformarme con estar en ese precioso lugar. Si no mantengo un diálogo y una relación viva con Dios, solo soy una persona más que se acostumbró a pertenecer a la iglesia, pero no tuvo crecimiento espiritual.

Es curioso escuchar acerca de personas que aunque sirven a Dios, viven con temor y confundidas en cuanto a lo que podrá traer el mañana. Personalmente, he vivido esa experiencia cuando no estoy conectado con mi Señor, presentándose las dudas, las malas decisiones, el temor, las peleas, la crítica, la envidia, la ira y todo tipo de problemas. Es fácil dejar de vivir dependiendo por completo de Dios. Por tal motivo, he enfocado este capítulo en aquellos que quieren servir a Dios a tiempo completo o en los que ya trabajamos en un ministerio. Se trata de un llamado a no familiarizarnos o pensar que por el hecho de servir a Dios todo el tiempo, no necesitamos tener un momento personal e íntimo con él. Creo que por el contrario, debemos hacerlo con mucha más dedicación y pasión, siendo hombres y mujeres que entendemos que necesitamos esa comunión diaria, buscando a Dios en cada momento de nuestra vida a fin de reflejar santidad y devoción. Debemos demostrar que nuestra vida íntima es coherente con nuestra vida pública, no solo intentar llevar a cabo un buen servicio. Como alguien dijo un día, no esperes que el fuego descienda en público si aún no ha descendido en privado.

Si te encuentras en la misma posición en la que me encontré, te invito a que hagas esta oración que se convirtió en canción: *Me encuentro solo, me encuentro sin ti. Tengo tanto miedo, no sé a dónde ir. Siento que me pierdo en un mundo gris, que sin rumbo fijo, me alejo de ti. Yo sin ti me estoy muriendo, llévame al momento donde encuentre tu amor. Eres vida mi aliento, todo mi universo, eres todo lo que soy. Creador del universo, ven quédate adentro, ven te doy mi corazón. Dame vida, pon tu fuego, ven y sé mi dueño, te entrego lo que yo soy.*

Hoy regreso a ti.

capítulo 28

Tu amistad me hace bien

Se encuentra el aire con el aguacero,
se tiñe el cielo de azul sincero,
son los acordes de un verso en te quiero,
es un poema el que vives por dentro.

Es como lluvia que alimenta el río,
como la fuerza que sostiene el brillo,
es ese brillo que alumbra el camino,
en mi camino estarás mi amigo.

No encuentro las palabras que expliquen lo que siento,
sin verte sé que estás, es importante lo comprendo,
tal vez nunca te vea, pero en Dios tú y yo sabemos,
nos une la esperanza, una fe y nuestro credo.

No hay alegría sin un buen sentido,
no hay un abrazo que no quite el frío.
En tu amistad me siento como un niño,
en tu consejo yo regreso al nido.

En el sendero que me lleva al cielo,
en medio de tormentas y aguaceros,
me debilito y siento que me rindo,
por eso sé que yo te necesito.

Soy un poeta trovador que va por el sendero,
soñando con un día encontrarme con mi dueño.
Aunque no soy perfecto no me rindo, no te niego,
si juntos caminamos llegaremos a ese cielo.

La amistad es un tesoro como perla que no encuentro,
lo que sé, tu amistad me hace bien.
Es verdad así lo siento, eres parte de mis sueños,
no te miento.
Tu amistad me hace bien.
Como aire en el verano, como abrigo en el invierno,
tú, tu amistad me hace bien.
Aunque a veces nos fallemos, la amistad no dejaremos,
volveremos a este encuentro.
Tu amistad me hace bien.

Si Jesús era el Hijo de Dios y poseía tanto poder, ¿qué necesidad tenía de formar un equipo de seguidores y llamarlos discípulos? Es obvio que Jesús quiso tener amigos que supieran hacer más amigos.

Dios creó a los amigos porque sabe que la amistad es algo maravilloso. Todos necesitamos amigos para que nos ayuden a llegar a nuestro destino y es emocionante también poder ayudarlos a ellos a llegar al suyo. En nuestro caminar con Dios resulta muy importante tener amigos y hermanos que se embarquen junto a nosotros en la hermosa aventura de seguir a Cristo.

Más valen dos que uno, porque obtienen más fruto de su esfuerzo. Si caen, el uno levanta al otro. ¡Ay del que cae y no tiene quien lo levante! (Eclesiastés 4:9-10).

Hay mucho valor en tener amigos verdaderos, y cuando trabajamos en conjunto, obtenemos más recompensa por nuestra labor. Además, siempre vamos a enfrentar momentos difíciles, e incluso en alguna oportunidad tal vez tropecemos, pero allí estarán aquellos hermanos y amigos para levantarnos y motivarnos a seguir adelante. Y de la misma forma, Dios espera que hagamos lo mismo por los demás, que seamos buenos amigos y mostremos su amor a través de nuestra actitud y nuestra vida.

> Ámense los unos a los otros con amor fraternal, respetándose y honrándose mutuamente (Romanos 12:10).

> Y éste es mi mandamiento: que se amen los unos a los otros, como yo los he amado. Nadie tiene amor más grande que el dar la vida por sus amigos (Juan 15:12,13).

En estos años de vida y más específicamente en los últimos veinticinco años, Dios me ha rodeado de personas increíbles a las cuales he aprendido a llamar amigos. Muchos de ellos han estado durante algún tiempo conmigo, y otros aún continúan a mi lado. Le doy gracias a Dios por cada uno de ellos, ya que en su momento han sido muy importantes y vitales en mi vida.

Mi objetivo al escribir esta canción fue honrar la amistad de todos ellos, incluso de aquellos que están lejos, pero en la distancia y a través de sus oraciones nos llevan en sus corazones. Cuando mi página en Facebook (amigosdealexcampos) alcanzó los cuatro millones de seguidores, sentí tanta alegría al ver cómo parte del amor de Dios se veía reflejado en los amigos, los que siempre están allí, que tomé mi guitarra y comencé a escribir este hermoso poema. Esta es mi forma de decir gracias y honrar a Dios por el favor que me ha concedido a través de todos estos años.

> El perfume y el incienso alegran el corazón; la dulzura de la amistad fortalece el ánimo (Proverbios 27:9).

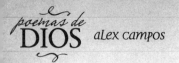

En el sendero que me lleva al cielo, en medio de tormentas y aguaceros, me debilito y siento que me rindo, por eso sé que yo te necesito. Hace algunos años me encontraba en medio de uno de esos momentos difíciles. Había cometido una de mis tantas fallas, sin darme cuenta o tal vez estando consciente de ello, pero sin querer reconocerlo. Me dirigía por un camino que cada día me alejaba más de los propósitos de Dios para mi vida. Fue entonces cuando dos de mis mejores amigos me citaron a una reunión para conversar conmigo. Los vi un poco nerviosos y tímidos en el instante en que entraron en mi casa, y después de unos minutos uno de ellos comenzó a hablar. En pocas palabras me dijo que lo que hacía no estaba bien, que ellos habían observado que algo estaba sucediendo conmigo, y se sentían preocupados por lo que veían. Fue uno de esos momentos incómodos que tratas de evitar debido a que nos hacen sentir mal, o bien por ser el que exhorta o el que está siendo exhortado. Sin embargo, hoy doy gracias a Dios por estos dos valientes que se sobrepusieron a la pena e incluso al temor de acercarse a su líder y jefe para confrontarlo con amor y respeto. Dios utilizó a mis dos amigos en ese momento para hacerme sentir su amor y misericordia y que pudiera reconocer que algo no marchaba bien en mi vida. Esos son los amigos verdaderos, los que no se esconden cuando vienen las tormentas y los desiertos, los que no se acobardan cuando hay que salir a la guerra, los que están a tu alrededor como escuderos fieles y te prestan sus brazos para mantenerte en pie. Quiero honrar a estos dos amigos valientes y verdaderos, José Luis Becerra y Wiston Caicedo. Gracias por estar allí aun en medio de la tormenta.

En todo tiempo ama el amigo; para ayudar en la adversidad nació el hermano (Proverbios 17:17).

La amistad es un tesoro como perla que no encuentro, lo que sé, tu amistad me hace bien. La Biblia nos enseña que el hombre que tiene amigos ha de mostrarse amigo, y que amigo hay más unido que un hermano. Dedica un tiempo a reflexionar en estas palabras. ¿Quiénes son tus verdaderos amigos que te llevan a encaminarte día a día por las sendas verdaderas? Cuando sepas quiénes son, hónralos, cuídalos como a tesoros, ámalos, pídeles perdón si les has fallado, y sobre todo no los abandones cuando cometan errores.

Este capítulo está dedicado a todos aquellos que han decidido llevar una amistad verdadera con Jesús, el mejor amigo de todos.

Tu amistad me hace bien.

capítulo 29

Lenguaje de amor

Deja que te explique lo que estoy viviendo, es la realidad.
Deja que la luz se mezcle con el viento, no te arrepentirás.

Es tan simple y real, tú mismo lo verás...

Su amor, el tibio amanecer del sol, poema que me enamoró,
el pétalo de aquella flor, la letra de esta mi canción.
Es su amor, me encontró, veo que se trata de Dios.

Deja que la risa debilite el miedo, vuelve a cantar.
Desnuda el alma no te estés mintiendo, sé tú la verdad.

Es tan simple y real, tú mi amor lo verás,
grande es como el mar, tú lo vas a notar...

Oh, si mañana no saliera el sol, no importa,
su amor me abrigó.
Si el cielo pierde su esplendor,
tú sigues siendo el brillo de amor.
Es su amor, me encontró, siento su lenguaje de amor,
la pasión, el perdón, encuentro que se trata de Dios.
Veo que se trata de Dios, siento su lenguaje de amor.

Hace unos años atrás una marca de productos para bebés

llevó a cabo una campaña publicitaria cuyo eslogan cautivó y enterneció el corazón de los que en algún momento tuvimos la oportunidad de ver el anuncio. Las imágenes mostraban a un precioso bebé y el eslogan era: «El lenguaje del amor». Resulta fácil enternecernos con una imagen así y comprender el amor cuando tenemos ante nosotros la figura cálida y pura de un recién nacido. No obstante, si nos detuviéramos por un momento y observáramos todo lo que nos rodea, encontraríamos muchas cosas que representan ese lenguaje de amor y descubriríamos más de una razón para afirmar que el amor de Dios nos envuelve.

El amor divino se ve representando en mil movimientos y en cientos de detalles, los cuales la mayoría de las veces no notamos por habernos acostumbrado a ellos. Una de las cosas más sorprendentes y hermosas que podemos observar a diario es el anuncio de un nuevo día, que viene acompañado de un sol cálido y radiante en lo que llamamos amanecer. O esos majestuosos crepúsculos que vemos en las tardes enmarcando un paisaje hermoso, los cuales adornan la tierra y sus alrededores. ¿Por qué pasar por alto algo tan majestuoso y bello? Resulta indudable que se trata de una muestra auténtica del amor de Dios, que a través de este escenario nos dice: «¡Aquí estoy!». Esto es muy evidente para mí cada vez que tengo la oportunidad de presenciar un amanecer o atardecer, y más si es a la orilla del mar o en las hermosas llanuras. Siento el lenguaje de amor por parte de Dios para mi vida. En realidad, muchas canciones han nacido allí, contemplando la hermosura de su majestad y su amor.

Se trata de algo tan simple y real que tú mismo lo verás. No tienes que salir de tu casa para darte cuenta de la innumerable cantidad de cosas y ocasiones en las que puedes percibir el hermoso lenguaje del amor de Dios para tu vida. En las mañanas, hay personas que se levantan y disfrutan de una buena taza de café... ¡y más si es colombiano! En realidad, para muchos tomar su cafecito es un acto que conectan de manera directa a su tiempo con Dios. Se trata de algo tan rico y especial, que no podemos creer que sea ajeno a los designios de Dios para nuestra mañana. ¿No lo crees así? En lo personal, no es que sea muy apasionado por el café, pero si puedo disfrutar de una buena taza de chocolate espumoso y caliente en las mañanas, esto es un regalo muy valioso de parte de Dios para el inicio de mi día.

Ahora bien, si ese lenguaje de amor, si esa caricia de Dios habita en tu corazón y no solo lo percibes en los detalles, podrás experimentar siempre una paz que sobrepasa todo entendiendo. Por eso resulta de vital importancia que este lenguaje de amor resida en ti. Dios no solo quiere habitar en medio de su creación, él prefiere y escogió nuestro corazón como el lugar preferido en el cual vivir. Cuando esto sucede, puede que el sol no salga mañana, pero eso a ti no te afecta, ya que sabes que Dios es tu calor y tu abrigo. Puede que vengan tormentas a tu vida y estés pasando por valles oscuros en tu caminar, pero debido a que te encuentras bajo la sombra poderosa de Dios, eso hace que tu confianza sea difícil de quebrantar.

La pasión, el perdón, un abrazo, un agradecimiento, una caricia… en mil detalles más, encuentro que se trata de Dios. Siento su lenguaje de amor.

CAPÍTULO 30

Bajo el sol

¿Qué tengo yo en las manos, si no tinta y papel?
¿Qué tengo yo para ofrecerte, si lo que soy me cuesta ser?
Soy como el grito que se ahoga, pidiendo al cielo su querer.
Soy como el aire que se aleja, sin rumbo y sin proceder.

Y aquí estoy... reconozco que lejos estoy.
Y aquí estoy... regresando al lugar del que soy.

Bajo el sol de tu ventana, reconozco lo que soy.
Soy el niño que un día renunció a su camino
y te entregó el corazón.
Soy poema que se extiende, soy valiente, voy de frente,
contigo yo sé quién soy.

¿Qué tengo yo que ocultarte, si tú me conoces bien?
Cada segundo quiero amarte, lo que tú quieras quiero ser.

Y aquí estoy... reconozco que muero por vos.

Y aunque parezca extraño, el pasado allí quedó.
Ya no soy un extranjero, soy tu hijo, tuyo soy.
Tuyo soy.

Bajo el sol de tu ventana quiero darte mi mañana, quiero
darte lo que soy.

Soy el niño que un día renunció a su camino
y te entregó el corazón.
Soy poema que se extiende, soy valiente, voy de frente,
contigo yo sé quién soy.

Bajo el sol de tu ventana, te declaro mi amor.
Ese niño sigue vivo y con más fuerzas que nunca,
no renuncio, aquí estoy.
Aquí estoy.

En los primeros años de mi caminar con Jesús, fueron varias las veces en que hice mi oración de fe. En ella declaraba
públicamente y a voz en cuello que él era mi Señor. Todo
comenzó cuando apenas tenía doce años de edad. Dios se
había convertido en algo más que una religión o una fuerza
positiva. Era el centro de mi vida, y al serlo, mi declaración de
fe cobraba cada día más vida y sobre todo compromiso. Mi
oración básicamente se resumía en las siguientes palabras:

Dios, toma el control de mi vida. Te entrego todo lo que soy.
Ven y sé mi Padre, mi Amigo, mi Señor. Siempre serás mi
único y suficiente Salvador. Llévame por tus caminos, ensé-
ñame tu verdad. Renuncio a mis deseos y mis sueños para ir
tras los tuyos. Aquí estoy, te seré fiel por siempre. Amén.

Con esta sencilla oración le estaba entregando mi vida como
una ofrenda de amor a Dios. Con ella le daba todo lo que tenía y le otorgaba el señorío absoluto sobre mi vida. En otras
palabras, deseaba morir para que él se hiciera más fuerte
en mí. ¿Por qué la hice más de una vez? Debo confesar que
cuando era más pequeño por cierto temor a que no surtiera
efecto, pero luego al madurar por entender que esa oración
debe ser mi decisión de todos los días.

Hoy, ya han pasado más de dos décadas desde entonces, y al mirar hacia atrás veo que muchas cosas han cambiado. Dejé de ser un niño y me convertí en adulto, descubriendo que Dios había depositado en mí dones y talentos diseñados bajo un plan. De ser un joven independiente me convertí en esposo y padre, llevándome así a ser hoy el sacerdote de mi hogar. He visto y sentido el poder de Dios en medio de la sanidad física y espiritual. Año tras año, percibo cómo Dios se ha convertido en mi único promovedor y sustentador. De vivir en un pequeño apartamento en el cual muchas veces se nos hacía difícil pagar la renta, hoy vivo en mi propia casa, como siempre lo soñé. De pertenecer a un ministerio local en el barrio en que vivía, hoy Dios me permite ser una voz con influencia en todo el mundo. Puedo decir con toda certeza que Dios ha sido bueno y cumplido todo lo que me ha prometido; sus bendiciones han sido evidentes cada día de mi vida.

Lastimosamente, a veces dejamos de hacer la oración, y no me refiero a repetirla en voz audible, sino a que siga siendo el pacto de nuestro corazón. Es como si el compromiso se olvidara y al ver la bondad de Dios te acostumbraras a ella o creyeras que estás haciendo todo bien para merecerla. En mi opinión, ese es un grave problema que enfrentamos en nuestro caminar con Dios. Creer que todo lo que tenemos se debe a nuestros propios méritos, olvidando que es su misericordia y su gracia la que nos mantienen día a día, es un gran error.

En el momento en que escribí esta canción, así como cada vez que la canto, me recuerdo a mí mismo que sin mi Señor no tendría nada que ofrecer, que sería como un grito que se ahoga en la distancia, o como el aire que se aleja sin rumbo y sin proceder. Esta canción es sencillamente aquella oración que a mis doce años hice con pasión y entrega. Bajo el sol de su ventana, que es el extenso cielo que nos cubre, quiero día

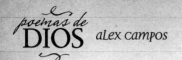

a día entregarle a Dios mi vida y reafirmar mi necesidad y mi dependencia absoluta de él.

Sigamos manteniendo el pacto y en mi caso, el deseo de aquel niño de doce años que renunció a su camino para entregarle a Dios la poesía de su vida. Al hacer esa entrega dejamos de ser un simple verso de revista y nos convertimos en un poema que se extiende y en el que a diario se escribe lo que Dios dice de nosotros.

En medio de esta canción canto: *Soy poema que se extiende, soy valiente, voy de frente, contigo yo sé quién soy.* Y espero que ese pueda ser el testimonio de cada uno de nosotros. Cuando nos entregamos enteramente a Dios, se hace práctico que él se ha entregado plenamente a nosotros en Cristo, y entonces podemos ir de frente y en su nombre, conociendo con certeza nuestra identidad. Después de todo, tu y yo somos el único poema de Dios que muchos van a conocer por primera vez.

poemas de
DIOS aLex campos

Notas

si
trabajas
con jóvenes
nuestro
deseo es
ayudarte

Especialidades Juveniles.com

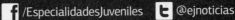

Elvis, Pitágoras y la historia de Dios

Junior Zapata

Vidas Conectadas

VIDAS

CONECTADAS

EL USO DE LA WEB
Y LAS REDES SOCIALES
EN EL MINISTERIO

Editorial Vida   MATIAS_PATERLINI

Matías Paterlini

101 preguntas difíciles
101 respuestas directas

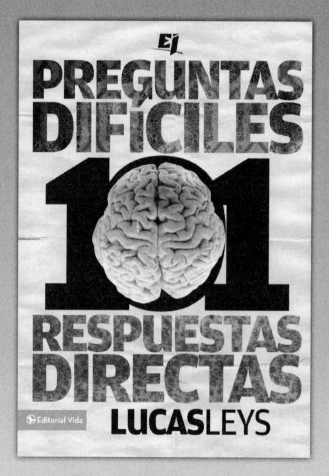

Lucas Leys

Desafía al futuro

Paolo Lacota

La batalla de las drogas

LUCAS LEYS   **GABI MORALES**

LA
BATALLA
DE LAS

DRO
GAS

¿QUÉ HACER?
¿CÓMO AYUDAR?

Editorial Vida

Lucas Leys | Gabi Morales

Lo que todo líder debe saber de sus jóvenes

Sergio Valerga

Nos agradaría recibir noticias suyas.
Por favor, envíe sus comentarios
sobre este libro a la dirección
que aparece a continuación.
Muchas gracias.

vida@zondervan.com
www.editorialvida.com